HELGA'S
DIARY

# 赫尔加日记

〔捷克〕赫尔加·魏斯　著

陈文娟　译

百花洲文艺出版社

BAIHUAZHOU LITERATURE AND ART PRESS

# 图书在版编目（CIP）数据

赫尔加日记／（捷克）魏斯著；陈文娟译 . —南昌：
百花洲文艺出版社，2015.7
（胜利译丛）
ISBN 978-7-5500-1441-1

Ⅰ . ①赫… Ⅱ . ①魏… ②陈… Ⅲ . ①日记体小说–
捷克–现代 Ⅳ . ① I524.45

中国版本图书馆 CIP 数据核字（2015）第 154694 号

江西省版权局著作权合同登记号：14-2015-163

**Helga's Diary** by Helga Weiss
Text copyright © Helga Weiss, 2013
Paintings copyright © Wallstein Verlag, Göttingen, 1998
First published 2013
First published in Great Britain in the English language by Penguin Books Ltd.
Simplified Chinese edition copyright © Shanghai 99 Culture Consulting Co., Ltd., 2015
All rights reserved.
封底凡无企鹅防伪标识者均属未经授权之非法版本。

# 赫尔加日记
〔捷克〕赫尔加·魏斯 著 陈文娟 译

| | |
|---|---|
| 出 版 人 | 姚雪雪 |
| 责任编辑 | 游灵通 魏 祎 |
| 特约策划 | 任 战 |
| 封面设计 | 汪佳诗 |
| 出版发行 | 百花洲文艺出版社 |
| 社 址 | 南昌市红谷滩新区世贸路 898 号博能中心 A 座 9 楼 |
| 邮 编 | 330038 |
| 经 销 | 全国新华书店 |
| 印 刷 | 山东德州新华印务有限责任公司 |
| 开 本 | 890mm×1240mm 1/32 |
| 印 张 | 6 |
| 版 次 | 2015 年 9 月第 1 版第 1 次印刷 |
| 字 数 | 145 千字 |
| 书 号 | ISBN 978-7-5500-1441-1 |
| 定 价 | 30.00 元 |

赣版权登字：05-2015-282
版权所有，侵权必究

网址 http://www.bhzwy.com
图书若有印装错误，影响阅读，可向承印厂联系调换。

献给我的孙女 D.、N.、和 S.，也献给所有的年轻人，希望你们牢牢记住过去，也希望你们永远不必经历我们这代人曾经的苦难。

# 目　录

地图

　　赫尔加的路线　　　　　　　　　　　　　ii

　　泰雷津　　　　　　　　　　　　　　　　iv

前言　　　　　　　　　　　　　　　　　　　1

赫尔加日记

　　1. 布拉格　　　　　　　　　　　　　　1

　　2. 泰雷津　　　　　　　　　　　　　　30

　　3. 奥斯维辛，弗莱贝格，毛特豪森，家　98

赫尔加访谈　　　　　　　　　　　　　　　154

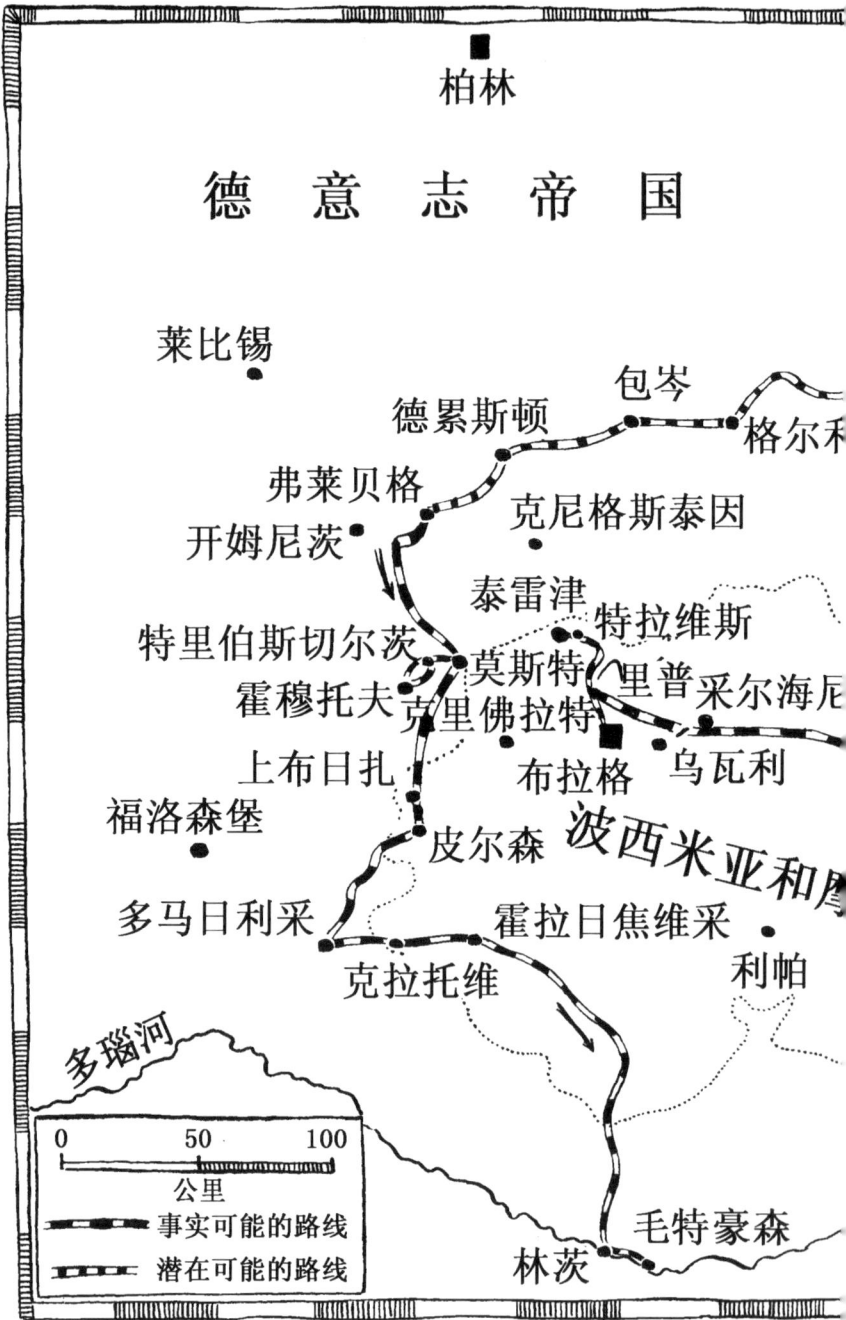

柏林

# 德 意 志 帝 国

莱比锡

包岑

德累斯顿

格尔利

弗莱贝格

克尼格斯泰因

开姆尼茨

泰雷津

特拉维斯

特里伯斯切尔茨

里普采尔海尼

莫斯特

霍穆托夫 克里佛拉特

上布日扎

布拉格

乌瓦利

福洛森堡

皮尔森

波西米亚和摩

多马日利采

霍拉日焦维采

利帕

克拉托维

多瑙河

| 0 | 50 | 100 |

公里

事实可能的路线

潜在可能的路线

毛特豪森

林茨

赫尔加的路线

华沙

波兰
（被德国占领）

布雷斯劳

卡托维兹

比克瑙

克拉科夫

奥斯维辛

俄斯特拉发

保护国

布尔诺

斯洛伐克

维也纳

葡萄牙

① 孩子们的住
处和学校
② 年轻人的
住处
③ 8—16岁女
孩的住处
④ 犹太营区
看守

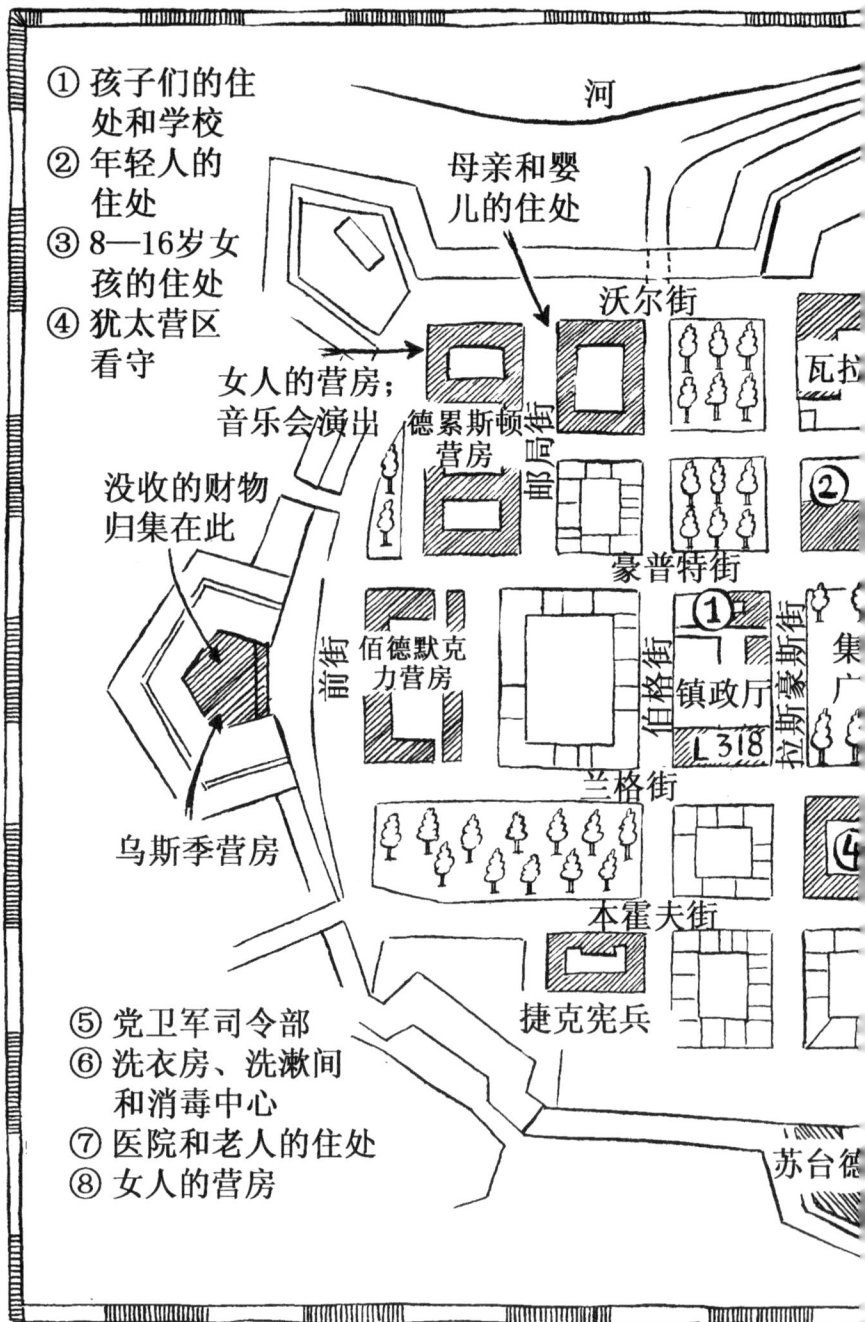

女人的营房；
音乐会演出

没收的财物
归集在此

母亲和婴
儿的住处

河

沃尔街

瓦拉

②

德累斯顿街
营房

邮局街

豪普特街

佰德默克
力营房

前街

镇政厅

拉斯豪斯街

①

佰格街

集
广

L318

乌斯季营房

兰格街

④

本霍夫街

捷克宪兵

⑤ 党卫军司令部
⑥ 洗衣房、洗漱间
和消毒中心
⑦ 医院和老人的住处
⑧ 女人的营房

苏台德

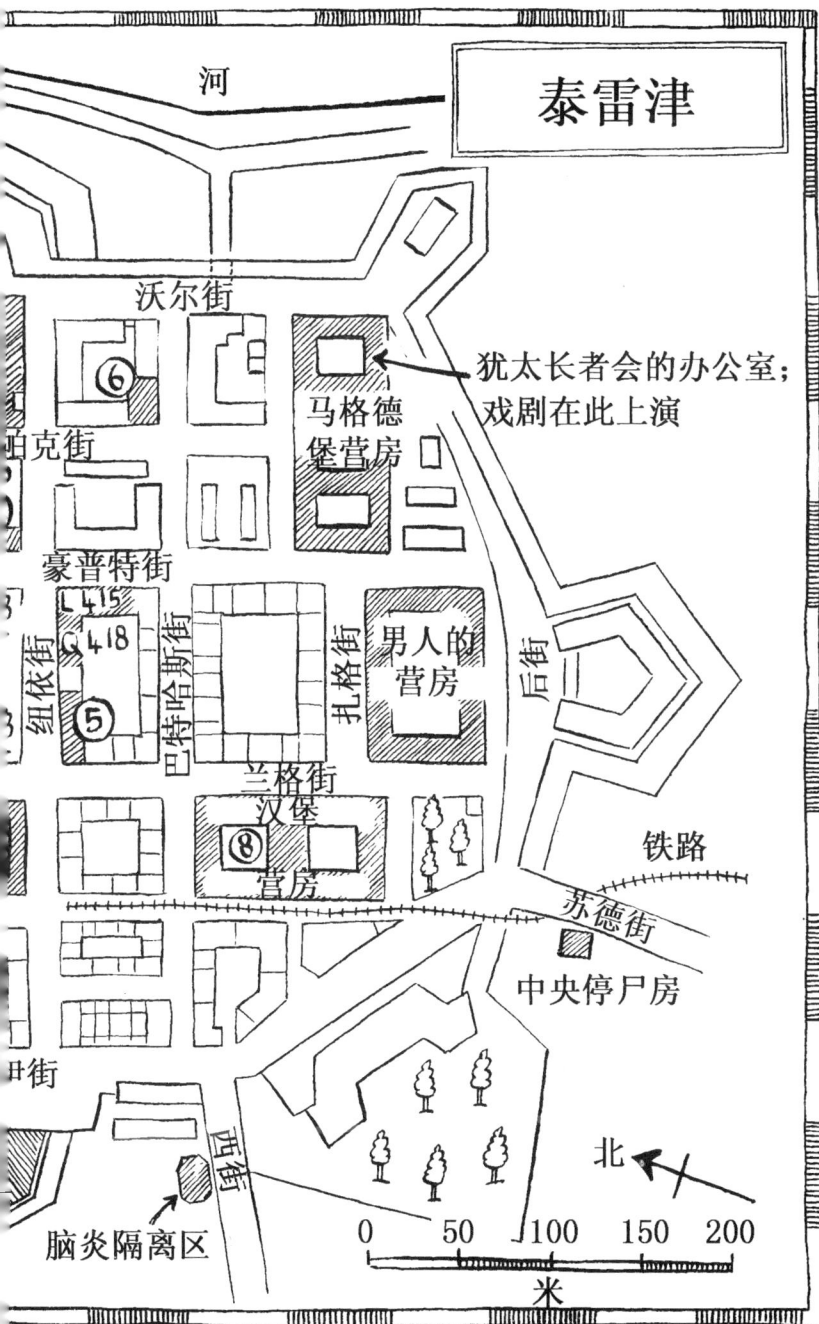

河

泰雷津

沃尔街

⑥

马格德堡营房

犹太长者会的办公室；
戏剧在此上演

帕克街

豪普特街

L 415
418

纽依街

巴特哈斯街

扎格街

男人的营房

后街

⑤

兰格街
汉堡
营房

⑧

铁路

苏德街

中央停尸房

ⅢI街

西街

北

脑炎隔离区

0    50   100   150   200

米

# 前　言

　　一个人年纪越大越会回忆过去。我如今惊奇地发现我根本不曾远离过去。若干年后，当我仔细又恋恋不舍地从头至尾重读自己的日记时，读到很多地方还会激动不已。

　　我其实真的不知道怎样为我的日记写前言，还有我为什么要写它。我回忆的一切都发生在60年前。我把我的经历和想法记在我上学的笔记本里，后来记在一张张活页上。虽然我当时的文笔非常孩子气，语气拖沓稚嫩，但其内容是我们那一代人生活、成长和死亡的真实写照。经历的大部分我都记下来了，也有些忘记了，还有些事情有意不去再想而失真了。我喜欢事情保持整洁的状态而且不留尾巴，现在是时候把它们整理整理了。

　　多年以来我积累了大量的材料，而我不擅长整理纸张之类的东西，所以这些材料一团混乱。因此，我突然想起我的日记，它放在一个抽屉的最下面多年，我几乎都把它忘记了。那是一沓发黄的纸，用铅笔写的，有些地方已经模糊不清。我是个与时俱进的人，学会了用电脑，我把它们一页一页地输入电脑里并打印出来。

　　我会删除一些内容，长句变短句，省略从句，换上更合适、贴切的词。有人认为它需要专业人士的修改，但是我经历的一些修改案例并不成功。我把以前的经历写成了很多文章，也有广播节目和报告的形式。编辑的介入经常把文章的观点完全改变，甚至曲解或伪造历史事实。我很惧怕这种改变，故事的真实性和影响力将不复存在。希望这本日记的读者们能用宽容的心接受它的本来面目。

我的日记开始于 1938 年的布拉格，记录了捷克斯洛伐克被占领时的情况，主要记录了在保护国里反犹太人的指令和泰雷津营区人们的生活。在从泰雷津被驱赶到奥斯维辛之前（1944 年 9—10 月），我把日记交给了我叔叔约瑟夫·波尔卡，他把日记和那些画藏在一栋建筑的墙里并用砖块封住，才使它们得以保留至今。战后不久，我完成了在泰雷津的部分，并且记下了在其他集中营（奥斯维辛、弗莱贝格和毛特豪森）生活的一切经历，因为当时根本不容许有任何写作的机会。

那些事情填满了我的大脑，当我记下这些事情时，它们就好像滔滔江水般汩汩地流出我的记忆。我记在一张张活页上，甚至没标上页码。核对日期的工作并不由我去做——因为很多时候我没有记下时间——不管怎样，当时历史学家们也刚刚开始了他们的研究工作。在我写完日记之后，学术出版物过了很久才出现。

当我准备把我的日记出版成书时，所有事情要按时间顺序排列对我来说确实不容易。如果我这点没做好，还请读者海涵。我不是历史学家，我的日记也不是一本学术著作。我的重点，也是对我最重要的事，是那些发生的经历，至今我还记忆犹新。

要了解可靠事实可以通过学术文献。在历史教科书里学生们可以了解到在二战中有 600 万犹太人牺牲了。确切的数据在资料库都有记载和保存，你只要点击电脑，日期和数字都会出现。

然而，每一个数字都代表一个人的命运和一个故事。我的日记只是其中之一。

我以 1945 年 5 月返回布拉格来结束我的日记，并最后写下"到家了"。但是我却无家可归。我跟我的母亲无处可去，我的父亲再也没有回来，我们原来住的公寓也被别人占用了。我当时 15 岁半，最重要的事情就是补上我失去的学业。我们开始了新的生活。

赫尔加·魏斯

布拉格，2012

# 1. 布拉格

　　他们讲的"动员"是什么意思？所有年轻人都要参与。为什么？不久前大家都在谈论奥地利，而现在又谈论动员。人们除了这个别的都不能谈。它是什么呢？今天爸爸和妈妈为什么没在家？也没有告诉我动员是什么。他们去听广播了。不管怎样，这是个借口，因为他们大可在家听。他们一定是去了朋友家里，这样他们就能谈论动员了。他们把我想成什么了？认为我还只是个孩子，所以他们不能跟我谈论任何事情吗？我已经是大女孩了，我都快九岁了。天哪，现在敲钟是几点了？我明天还得上学呢，可我现在还没睡着。这个傻瓜动员害我把上学忘得一干二净。

　　什么空袭？要去地下室——现在，深夜？为什么要把我叫起来，妈妈？有什么不对吗？发生什么了？你在做什么？你不能直接把我的衣服套在睡衣上……

　　敲锣声就在过道里响着，召唤我们躲起来。爸爸不耐烦地在前厅踱着步子，妈妈刚帮我套上运动服，我们就匆匆赶往地下室。门房打开了陈旧的储藏室，它本来就是打算用来躲避的。储藏室很小，我们挤在一起，但至少我们都挤进来了。起初没有人说话，但他们恐惧的眼神好像在问："要发生什么啊？这到底怎么回事啊？"过了一会儿，这种情绪更强烈了。男人们试图让女人们镇定下来，尽管他们自己也深感不安。只不过，他们更能控制自己并还能偶尔开开玩笑。大概半小时后，喇叭传来空袭结束的通知。大家都回到各自的房子。我朋友的父母邀请我们去他们家度过剩下的夜晚。父母们让我和伊娃去睡觉，自己却在另外一个房间听广播。要入睡是不可能的事情。为什么我们小孩就要去睡觉而其他人却不睡呢？当我们好不容易有睡意了，警报却又一次响起。那天晚上这样反复了三次，每次响铃我们都躲到地下室。

那天晚上我们根本没睡，我们小孩迫不及待地等待天明。明天到学校我们有太多要谈论。可能明天根本就不用上学，那就太好了。大人们有很多要担心的事情，所以警报响起时他们会很不开心。但幸运的是一切都还好，那仅仅是错误的警报，也没有空袭。

※

早上，我去上学了。我们没怎么上课。所有的人都既兴奋又疲惫，因为头天晚上没睡好。我们在谈论昨晚的冒险经历，这个话题我们聊了一整天。午餐后（午餐好像并不怎么好，因为没人有心思做饭），整栋房子里的人又都到地下室碰面了。这次不是因为空袭，而是来打扫，以防我们又要进来度过某个晚上。我们扔掉所有没用的东西，妇女们干打扫和擦洗的活，男人们把急救箱收到一起，并准备了一个秘密出口。妈妈们用储物柜为我们做好了铺位。最后，每个人都带了个装满东西的行李箱到地下室。我们聊了一会，然后每人都各自回家并焦急地等待着晚上会发生什么。出乎意料的是，那一晚平静地度过了。尽管这样，我爸爸和伊娃的爸爸仍然认为继续待在布拉格会很危险。就在那天下午，他们在外面找了个合适的公寓，我们可以住在那里直到危险过去。他们在一个名叫弗瓦列的村庄里租了一栋独立别墅里的两间房。我们的妈妈打好包，准备我们第二天离开。

当觉得布拉格没有危险时，我们回到了家中。与此同时，我们的总统，爱德华·本斯辞职了，新总统埃米尔·阿查上任。这被称为第二共和国。然后我们有了短暂的和平，但为时不久。有一天，总统被叫到柏林去讨论捷克斯洛伐克的未来。全国人民群情激动，感觉此行不会有好结果。他们是对的。

### 1939 年 3 月 15 日

早上我醒来的时候，爸爸妈妈坐在收音机旁，头垂得很低。开始我不知道发生了什么，后来我猜到了。一个颤抖的声音从收音机里传出来："今天早上 6 点 30 分，德国军队越过了捷克斯洛伐克边界。"我并不真正明白这些话的意义，但是我感觉到了话语里传达的恐怖气氛。收音机里的声音重复了几遍："请保持镇静！"我特意在床上多待了一会。父亲走过来，在床边坐下。他表情严肃，而且我能看出他很不安。他没说一句话。我拉着他的手，感觉到它在颤抖。 四周如此寂静，就连时钟那微弱的滴答声都听起来那么清晰。空气变得凝重起来，没人愿意打破这尴尬的沉寂。我们就这样坐了几分钟。然后我穿好衣服上学去了。妈妈也跟我一起去了学校。一路上，我们遇到了很多熟悉和不熟悉的面孔，你能从他们的眼睛里看到相同的东西：恐惧、悲伤和疑问——接下来还会发生什么呢?

　　学校里气氛凝重，孩子们快乐的闲聊和无所畏惧的笑声变成了可怕的窃窃私语。在走廊和教室里随处可见三五成群的女孩们沉浸在交谈中。铃声响起，我们走进教室。老师也没怎么上课，大家都心不在焉。铃声再次响起时，我们如释重负。课后很多家长都在等着我们，妈妈也来接我了。回家的路上，我们看到了很多德国的汽车和坦克。天气寒冷刺骨；天正下着雨，然后又飘雪，风在咆哮。好像老天也在不停反抗。

　　我们在毫不知情的情况下成了德意志帝国的"保护国"，为什么会这样、怎么会这样，我们全然不知。我们还有了个新名字，叫"波西米亚和摩拉维亚保护国"，不叫捷克斯洛伐克。

　　3月15号不是个简单的宣告日，从那以后，接二连三的指令愈来愈深地压迫和伤害我们。每天都会发生一些骚动，最糟糕的事落在我们犹太人身上。他们把一切都推到我们身上。我们是一起又一起事件的起因，一切都是我们的错，甚至我们不做什么也是错的。上天注定我们成为犹太人，我们也无法决定由此带来的其他事情。没人问为什么；他们感觉要把怨气发泄在某些人身上，还有谁能成为更好的对象？当然是犹太人。"反犹太主义"气焰在不断上升，报纸上都是反犹太人的文章。

　　　　　　　　　　　　※

　　反犹太人的指令越来越过分了。有消息说犹太人再也不能在政府部门工作了，这在犹太家庭中引起了轩然大波。后来又规定雅利安人（之

1939 年，布拉格一座儿童公园门口用德语和捷克语书写的标牌，
最上面写着"犹太人不得入内"

前我们对这个词并不熟悉）不能雇佣非雅利安犹太人。指令一个接一个
传来，你几乎都不知道你能做什么或不能做什么。我们不能去咖啡馆、
电影院、剧院、操场、公园……还有很多我记不清了。除了这些，还有
一个规定让我很生气：开除公立学校的犹太小孩。知道这消息后，我很
伤心。假期结束后我就要上五年级了。我喜欢上学，一想到再也不能和
其他同学在课桌旁上课，我就伤心流泪。但我必须忍住，因为还有很多
事情等着我，甚至是更糟糕的事情。

1939 年 9 月 1 日

战争爆发了，没人觉得惊奇。我们不得不寄希望于未来。无论爆发

世界大战的前景有多么可怕，唯一的希望是——不仅为我们，还为了所有受奴役的人——能有一个幸福的明天。

※

假期结束之前，父亲为我报名参加一个学习班，所以我能继续我的学习。它和学校不一样，但是我很快就适应了这种新的学习方式。我们这个集体有五个犹太女孩。我们的老师是两个年轻的学生，他们也跟我们一样不得不放弃学业。我们轮流在每个学生的家里上课。没有像以往一样的校舍，却在普通人家的住户里上课；没有教室，却在小孩的卧室教学。学校的课桌椅由简单的家庭桌椅代替，宽大的黑板被小孩的小画板取代。

### 1939 年 10 月 28 日

又来了一个引起动乱的指令。这次变了，它不针对犹太人，而是针对大学学生。所有大学都要关闭——因为有些学生试图反抗。有一个学生已经被杀了。在他的葬礼上学生们又试图反抗，但没有任何结果，只有大量的学生被拉到了集中营里。

逮捕从来就没有停止过。德国人的"盖世太保"在布拉格肆无忌惮，正如他们所说，他们想逮捕谁就逮捕谁。布拉格到处都是穿着制服或便衣的盖世太保。他们所到之处就有恐怖，而且每人都极度小心不要被他们抓住把柄。尽管每人都小心避开，但还是有很多不幸之人落入他们事先设好的圈套而成为受害者。人人都举步维艰。离开家门时，你永远不知道是否还能回来。到目前为止大多数家庭至少有一个至亲被关到集中营里了。感谢上帝，到目前为止我们家幸免于难。

## 1940 年秋天

渐渐地，我们习惯了新的政权。我们变得麻木。即使是最让人为难的指令也不会太激怒我们，而这样的指令不在少数。

所有的店铺都必须是德捷合作的（有些激进分子太把它当真而只允许德国人在前台服务）。在每个餐馆的菜单上都加了一条注释并用粗体字母印制，所以没人看不到："犹太人不准入内。"① 这句话还出现在所有娱乐场所、糖果店和理发店的入口。允许犹太人接触的地方越来越少了。

尽管这样，我的雅利安人朋友还是不断地来拜访我。他们经常带来他们学校的笔记本，爸爸就把那当作指南，因为自圣诞节以来他就自己教我学习。

所以我就这样糊里糊涂地过了一年。我在犹太人学校里通过了考试并拿到了成绩单，各门都是 A。为什么我不像过去那样感到高兴呢？这分数仍然让我满意，但是将要在布拉格度过未来假期的事实让我很难过。

去年，尽管不像前年那么好，至少我们在乡下，在一个小镇——更像一个乡村——名叫采尔海尼采。父亲被一个农场主雇佣在农场上干活。像其他许多人一样，他也是主动去的，所以他不会被叫去做别的体

---

① 正文中的楷体文字在原文中皆为德语。——编者注

力活。待在农场当然不会很理想，但是也没有很多可供犹太人租住的暑期公寓，我在那里还是过得很开心。我们的住处离树林有很长一段路，所以刚开始我只去游了几次泳，后来又来了禁令："犹太人不准在河里游泳。"—— 仅仅为了以防万一，唯恐在雅利安人来河里洗澡之前犹太人污染了河水。不过，跟我们一起住的亲戚有个大花园，里面有个水池，虽然很小，但不管怎样也是个水池。我的四个远房堂兄妹也住在这个村里，还有其他两个亲戚也各自有个女儿。我们一共七个孩子，在一起也能玩得很开心。

那个夏天我们玩得很愉快，但我还是不满足，因为它跟其他的假期不一样。可我现在唯一想做的就是去那里看看！我现在就忍不住想去那里！但那是不可能的了，犹太人不准离开居住地 30 公里。夏天的布拉格，街道灰尘漫天，天哪！这将是我在布拉格度过的第一个假期。

这些想法一直在我脑海里打转，这就是我的成绩单没有为我带来任何快乐的原因。但是那又怎样呢，有很多小孩从来就没有去过乡下。为什么我就不应该试一次呢？毕竟就一次。明年的暑假会更好的，当然会更好的，毕竟这不会永远持续下去。

### 1941 年夏天

假期如期而至，所有雅利安孩子都离开了。我的朋友中唯一留下来的是伊娃——但并不是那个住在同一栋楼里的伊娃，她再也不是我的朋友了，很长一段时间以来都不是。自从希特勒来了以后她就瞧不起我，她可能认为她比我高一等。如果这会让她高兴，我不会破坏她的这个想法。

只有伊娃留下来了。我们整天都在一起。伊娃住的那栋楼有个小花园，我们就在那里玩。我们把树荫处当作森林，把装满水的浴缸当作小河。我们连续玩了好几天，结果成了好朋友。我们的父母也变得更亲近了。周日如果天气好，我们会一起在附近郊游；如果天气很糟糕的话我们就互相串门。我们午饭后就会到另一家并一直待到晚上，也就是八点差一刻，因为八点以后我们不准在外面待着。我们从来就不想回家，每次都期待着第二天再一次相聚。日子就这样一天天过去，晚上变得更短，空气也变得更凉爽。假期快过完了。

日子过得很快。在布拉格的日子也没有我曾经想象的那么糟。孩子们度完假期都回来了，学校很快就要开学了。我等不及了。我很快又要回到那个小集体了。我对我们的新老师很好奇，还有我们的学习和我的同学们。为什么时间这么慢呀？我一直在数着新学年到来的日子。

**1941 年 8 月 31 日**

终于，学校明天就要开学了。很久以来我都无法睡着。我在想：我会喜欢这个集体吗？班上的学习会难吗？我的同学们会是什么样子？他们中间会有男孩吗？太多的问题，但没有答案。我在床上翻来覆去睡不着。我听到钟敲了 11 下，还是睡不着。我现在担心明天不会有好的状态。我强迫自己慢慢睡着。我从 1 数到了 100，还是不管用。我又数了一遍，渐渐地睡着了……

我睡得并不沉，辗转反侧，还做了奇怪的梦。第二天早上，我第一个起床；我生怕迟到所以不敢赖床。离出发时间还很早，但我已经准备就绪。爸爸要陪我去上课，于是我催促他快点。他怎么动作这么慢啊？他干什么都不慌不忙的，而我都快要迟到了！

他终于准备好了，我们出发了。我们要去坐电车。到上课的地方就三站路，一点也不远。老天，今天的一切都是慢吞吞的。电车行动缓慢，我多么希望我现在就已经到了。到站了！我从后排起身，跳下车——还能坐在哪里呢，当然不是前排的位置，那些是专门给雅利安人坐的。

我们走进了那栋建筑，它的号码我们是早已知道的。我们来到二楼的一扇门前停下。爸爸的手刚接触到门铃，我的心就开始加速跳动，就像第一天去上学的小姑娘。门慢慢地打开了，门边站着位年轻女士，她是我的老师。我用探寻的眼光打量她。简短的交谈后，爸爸离开了，留下我一个人。老师把我带进教室，房间里有张长桌子和 10 把椅子。我想我们共有 10 个人在这里上课。我原以为我会是第一个到的，但是有个男孩来得更早，他是我未来的同学。

我在一张椅子上坐下来，看了看房间四周。时间又开始过得很慢。我跟那男孩交换了几个眼色，但我们没有交谈。这时门又开了，进来三个男孩。然后又来了一个，之后又来两个。老天，难道全都是男孩吗？他们都互相认识，因为他们去年就在这里上课了。男孩们有很多可聊的，根本没注意到我。

我好奇地打量着他们。这些男孩我一个也不认识。或者我认识？如果没记错的话，这个是洪泽。我们在几年前就认识，那时我们上一年级。那边的那个一定是吉尔卡，我们在一起考过试。过了一会儿，进来了一个女孩。我松了口气——我的担心是没有理由的。我很快就跟她聊了起来。之后又来了个男孩。九点钟我们开始上课了。

在课间我们相互自我介绍，这让我有一种家的感觉。我知道了每个人的名字；为了不忘记他们，我不得不把名字记了一遍又一遍。挨着我坐的是佩特，挨着他的是吉尔卡，接下去那个叫什么来着？啊，他叫帕维尔，然后是两个与吉尔卡和洪泽同名的男孩。这两个之后的是又一个叫帕维尔的，挨着他的是洛基和他的邻居，他邻居是小个子，有个奇怪的名字叫亚里斯泰迪斯。我们都叫他亚里。最后两个就是璐卡和我。这就是我们整个集体。我不得不重复很多次——可能这样有助于我记住他们。

课间休息后我们又上了一节课，最后我们大声而欢快地说了"再见"。我赶快回到家，妈妈正在家里等我，她很好奇我在这个集体的感受。午饭后，我来到伊娃的家——她今天也是第一次加入她的集体，所以我们有很多要谈的。三点钟——这是规定的犹太人购物时间——我们要去买一些学习用品。我很期待明天的到来。

### 1941 年 10 月 5 日

一个月过去了。我已经完全适应了我的集体。除此以外生活没什么变化。早上我去上学，中午回家，尽管我们在 11 点就放学了。那是因为我们所有的人都去了操场——当然是犹太人操场。爸爸在家里做饭。这听起来有点奇怪，但几乎所有犹太人都是这样。除了做饭，他们整天还能做什么呢？毕竟他们失业已经三年了。三年中人所得到的进步是了不起的。以前，爸爸连泡茶都不会，而现在他会做甜点，还能一个人做全家人的午餐。他和伊娃的爸爸比赛看谁能打扫得更快，并且他们还互相拜访，看谁家的地板更亮，谁家的炉灶和盘子更闪。

午饭后，做完了家庭作业，我就和伊娃去散步。我们通常都是去犹太人能去的操场。我们俩跟爸爸学英语。我进步很快，并且我很喜欢我学到的每一个单词。我觉得我们能像这样再生活几年，但不幸的是，德国人觉得我们生活得太好了，以至于他们现在要考虑把我们平静的生活砸个粉碎。这次他们想到了一个中世纪的人们都会引以为傲的绝好办法，那就是赫然在犹太人身上贴上亮黄色的星星，上面还印上 *JUDE*（德语：犹太人）。

9 点差 1 刻，我迅速穿好衣服，瞥了一眼镜子，看看这亮黄色的星星戴在身上是什么样子，而现在正是要离开家去上学的时间。爸爸在等我，他知道一旦雅利安人看到我们的标记会有什么反应。这就是今天他为什么跟平时不一样，要亲自送我。我们遇到的第一个人是我们楼栋的看门人。为什么他那样盯着我们看？当然，他一定看到了我们戴上这新徽章的样子。

在街上，我们看见了各种表情。有一个人若无其事地走过，至少表面上是（但事实上没人能忍住不看一眼）；另一个人对我们微笑，不知是同情还是鼓励；还有一个人，嘴里掠过一句嘲讽和轻蔑的语言。有时我们还得忍受一些胡言乱语，但是我们已经习惯了。我们踏上电车的后车厢。在这里情况就有点不一样了：星星一个接着一个。离市中心再近些，很可能就有一大群星星了。我们到站了。我很肯定地告诉爸爸他没必要来接我。我不怕一个人回家，我相信不会发生什么事的。人们的反应并没有德国人预料的那么强烈。

在学校，我们都在吹捧谁的星星缝得最好。虽然戴上它并不是令人快乐的事情，但是我们不在乎。我们对别的事情都习惯了，我们也会习惯这个的。

果然，什么事情也没有发生，我安全地到家了。

　　到了下午，我和伊娃去散步。今天我们没有去操场，而是故意去了人多的街上。看到其他的犹太人时，我们感到很惊奇。他们一直笑着，好像在说："我们看起来不错，是吧？"我们数了数遇到的星星并比赛看谁数得更多。我们谈笑风生，让德国人看看我们一点事都没有。我们故意脸上洋溢着欢笑并笑出声来。我们就是故意要气气他们。

布拉格的在校犹太学生戴着黄色星星

※

　　又过去了一个月。星星已经成了我们习以为常的事情，好像我们要永远戴着。但又有一桩新事情扰乱了犹太人的家庭。它很恐怖，以前从没有类似的事情发生。没有人确切地知道它是什么，但人们就是感觉到了。大概我们要被转移了，我们希望这不是真的。不，它肯定不会是真的，一定不是！整件事情就是有人凭空想出来的，然后消息就像野火一样传开了。当然，大家还是更愿意做好准备。我们不知道会发生什么，但待在原地，做好准备，总好过猝不及防。结果，每个犹太人的家里都渐渐地，其实是很快地变成了旅行必需品的仓库。

　　所有犹太人家里都翻箱倒柜，我们也不例外。桌子上、椅子上、地上堆放的都是行李箱、麻布袋、背包、睡袋、保暖内衣、厚底鞋、长颈瓶、饭盒、手电筒、急救箱、水壶、固体酒精、蜡烛等。如果我要把它们都写下来，整个笔记本也不够。

※

　　所有人都在为旅行做准备。

　　要转移的消息不是凭空捏造的，我们的准备也没有白做。

∽◦◦∽

### 1941 年 10 月 12 日

　　现在这是事实了。"他们今晚就要宣布消息了。"——犹太人到处都在谈论这个。

　　昨晚几百个犹太家庭得到指令要转移。可怜的人，他们还没做好充分的准备。那是周六的晚上，第二天，商店都关门了，周一他们就要走了。要是我们知道是去哪里就好了。

　　有人说是去波兰，但是谁知道呢？

　　忙于一件事时往往会忽略其他。我们疯狂地打包、烘烤，到最后却只有道别。谢天谢地，这次我们家没有人在里面，只有几个熟人。但是接下来会是什么呢？

　　第一批人刚踏上"交易会展馆"之旅，又传来第二批转移之说。现在才是真正打包的开始。在整个布拉格，你买不到一个像样的行李箱、背包或饭盒。每次路过犹太家庭，都会闻到新鲜的烘烤味道。人们都在烤饼干、点心、圣诞蛋糕。大家都在为旅途做准备。

**1941 年 10 月 15 日**

我坐在电车里去上学。昨晚有更多的指令下来。我们家和伊娃家幸运地又一次没有在名单之列。现在我们要看看学校里发生了什么。坐在我边上的一位可怜的妇女正在哭泣，她肯定有至亲在里面。

我到了，我害怕进入这栋楼。我们中的谁会在名单里面呢？突然，我再也忍不住了，想要尽快知道。我跑上楼并飞快跑进教室。我停下来，犹豫着，颤抖着手打开教室门。我用疑问的目光环视了下教室。我的问题甚至还未出口，便听到一个哽咽的声音说："洛基在里面。"我静静地在座位上坐好。看来洛基是其中之一了。

今天我们多少有点心情不好。门开了，洛基走进来。我们想赶走他的忧愁，让他与我们的最后时光变得快乐。我们尽量像平时一样开心，但就是笑不起来。洛基的笑容也很僵硬。在课间我们做了个计划：每个人都从自己家买好的东西里挑一样带给洛基，这些东西是他没来得及准备的。他需要的东西应该很多，毕竟，他们没什么时间去准备。洛基客气地拒绝了我们的帮助，但很快我们就说服了他。在这种情况下不帮忙就不算好朋友。

那天下午，我们都去了操场。大家一起，最后一次。明天我们就会少一个人。我们尽量不显露出来，让洛基可以暂时忘记烦恼，哪怕不能完全忘记。这种想法会不断地回到脑子里，所以我们不能摆脱难过情绪，嘴边的笑容一直是僵硬的。

天渐渐黑了，告别的时候到了。我想回家了，但是我说不出口，我根本说不出话。等到最后那致命的"再会"说出我的嘴时，我不得不飞快地加上一句："我的意思是再见，我会回来的。"所以我返回了三次。每次要离开时，我都再次转过身来。毕竟，这是我们相聚的最后一个晚上。最后一晚。我们永远都不能再见，也许直到"某天"。相信它有些幼稚，但是我们也没有其他的安慰。

最后天全黑了。现在没有其他的事了，我不得不说："再会，洛基。"比起我想好要说的，这句话是多么贫乏，但是我不能强迫自己说更多。我感到我的喉咙卡住了，而那句贫乏的句子说出来时的古怪腔调连我自己都吓了一跳。"再会。"他平静地答道。

※

被下达指令的人越来越多，我们又一次没事。到目前为止伊娃也不在里面……我去学校之前顺便去了她家。我甚至没有好好吃早餐，就匆忙跑去了沃伊扎克家。我站在门口好长时间没敢按门铃。在按门铃之前，我还可以一直抱有希望，而一旦我按下铃——不，我不敢想象。我没有勇气这么做。透过门我能听到焦虑的声音。伊娃站在门边，我听到了四个字："我们中了。"仅仅四个字，可我连一个都受不了。我必须回去告诉妈妈，这样她可以帮忙打包。

回到家，我语无伦次地说出了我听到的，然后匆忙赶往学校，上课时间快到了。现在我们需要的是为那些要转移的同学们做点什么。我上气不接下气地到了学校。这次没有人中。他们唯一担心的是我，因为我过了很久才到。上课时，我开小差了。老师听说了伊娃的情况，所以没有点我的名。在课间，我跟谁都不说话。我一直想着伊娃。要是现在就放学多好啊，我就能去看她了。又过了一小时。课堂上我什么也没听进去。又过了半小时，又过了 15 分钟，终于 11 点半了，下课了。

我坐电车从学校回来，在家里抓了些食物就匆匆往沃伊扎克家赶。他们家已经翻得底朝天了。一地的行李、衣服、食物，满屋不安的人们。每个人都有很多工作要做。行李上都写上了数字，还缝在背包上、布袋上、铺盖上。内衣和外套分好类：什么是要马上穿的，什么是要放进袋子的——因为你穿在身上的才是你的；只有少数的必需品会装进箱子里。谁知道这些行李会不会跟我们一起运走呢。大人们让我和伊娃别待在屋里，我们在那儿只能帮倒忙。

我们来到属于我们的地方，尽量像往常一样玩耍，但没用。意识不断地提醒我们在一起玩的时间就剩几小时了。我们也不怎么说话。大概 8 点钟，我送伊娃回家，然后同父母回到自己家。晚饭后我直接去睡了。我的头很疼，并且都快哭出来了。和伊娃在一起时，我还能尽量忍住，但是现在，当我独自一人，却第一次深深地感受到了悲伤。那天晚上我到很晚才睡。

※

今天我又一次在课堂上什么也没听进去。本来预习得就很马虎，家庭作业也是错误百出。当被点到名时，我不知道如何回答。那天下午，伊娃又到我家来了。我们为娃娃们缝制外衣，完成后又去了她家装玩具。要从我们最喜欢的玩具中选择是很难的。伊娃有整个柜子装满了娃娃。她很想把它们都带上，但有更多更重要的东西需要带在路上。对于玩具，唯一剩下的空间是一个小手包。最后，伊娃终于说话了，她承认既然要失去所拥有的一切，她也将不得不放弃她的玩具。我们选了几个她最喜欢的，而比起留下来的一大堆玩具，这几个实在不算什么。那个手袋装不下这几个玩具。我们一起努力，又删减了些小东西，最后终于把选好的玩具都装进了袋子。伊娃把娃娃们装在外套的口袋里，还有的放在睡袋里或标有号码的衣服里。如果手袋弄丢了怎么办呢？那么至少娃娃们还在。明天是星期六，伊娃会与我们共同度过一整天。

打包有很大进展，但还是有很多要做的。我们不断想出新办法，尽可能多带些东西，也要藏好禁代品，以免搜查时被发现。

※

三天时间已过，明天他们就要离开了。今天晚上我们全家都在沃伊扎克家度过，这是我们最后一次相聚。我们还会再见吗？也许，但与其说他们会回来，还不如说我们很可能会跟随他们而去。不，不会这样的，总有一天我们会相聚在一间温暖的房子里，想起所有的事情，谈论我们悲伤但已过去已久的放逐生活。这也许在很久以后，但总有一天它会来临。我们会生存下来，我们不会屈服！

### 1941 年 10 月 28 日

早上 5 点，该起床了。沃伊扎克家 6 点钟要报到。

我甚至不知道我是怎样走到她家的。最后一次，我走进那栋友好的屋子，在那里我和伊娃度过了无数快乐的时光。

沃伊扎克家的人都准备好了，正在等着我们。他们的行李在走廊过道的地板上排成一排。每一件物品和他们家每一个人的外套上都印上了行程编号：248，249，250。所以他们不再是人，而是数字了。最后朝屋里扫了一眼看有没有什么落下的，然后我们就最后一次离开了屋子。

伊娃和我走在前面，我们没有说话。不需要说话，我们的想法是一样的，而且就算我们想说，哽咽的喉咙也发不出任何声音。我们极力控制哭泣，不想让这个艰难的告别使伊娃感觉更难过。伊娃也在极力控制眼泪，但是到了楼栋大门时却再也控制不住了。我想安慰她，但是我想说的安慰的话却也变成了无声的哭泣。现在我们不停地哭着。我们并肩安静地走着，手牵手，清晨的宁静被我们断断续续的哭声打破了。

就这样我们到了车站，我们的父母跟在后面，他们也感到很难过。

我们踏上的那辆电车是空的，当时差不多是 6 点差 1 刻。后来上来几个去上班的人。离布拉格越近，就有越多要转移的人上车。离交易会展馆几站路时，我们换乘电车，这里的车子人满为患，我们不得不在站台上等待着。"交易会展馆！"乘务员叫唤着。车厢清空了。这就是我们共同旅程的终点站。

交易会展馆外是一排排并不整齐的队伍，现在我们也加入进来了。队伍行进缓慢，然而我们希望它根本不要前进，因为每移动一次，我们就离说再见的时刻更近一步。尽管等待似乎漫长得没有边际，但离别的时刻也不可改变地越来越近了。

我们离入口很近了。我们不能一起再走了。我们得说再见了。然而，没有人说话，只有夺眶而出的无尽的泪水。就连我们的父母也无法忍住了。最后的亲吻，最后的握手，而协调兵过来硬把我们分开："不要告别！不转移的人赶快离开！"沃伊扎克家的人看了我们最后一眼，挥了挥手，消失在了人流中。

就这样我失去了最后一个朋友。现在我只能见到璐卡、多达，有时也能见到其他几个一起上课的同学，但是他们没有一个有我和伊娃那么亲密。我一直都很想念她。我也永远不会忘记她。

❦

**1941 年 11 月 1 日**

又有两批转移的人离开了，但谢天谢地我们幸运地逃过了。我现在只有一个愿望，那就是在家里庆祝我的生日，还有 10 天就到了。伊娃和我曾经多么期待它啊，可现在就剩我一个人了，我很难过。去年我的几个雅利安朋友来为我庆祝，但今年我甚至不敢邀请他们。不管怎样，他们是不会来的，我也不能去问，这太冒险了。

❦

日子过得很快，我 12 岁生日已经悄无声息地过去 14 天了。但是今天我们吓了一跳。妈妈和我买东西回来就看见一个陌生人手上提着个箱子，身上也戴着星星，走进了我们那栋楼。看他的样子是委员会的人。这栋楼里除了我们家以外，没有别的犹太人。如果他是给我们下达转移命令的人怎么办？这个念头在我们的脑子里一闪而过，我们赶快上了楼梯。那个人正要按我们家的门铃。我们的呼吸缓了缓——这"仅仅"是登记。明天一点钟我们必须去斯特热苏文斯。

※

登记的事已经过去了，现在我们就等着他们什么时候送来转移的指令了。尽管转移要停止的消息在布拉格传来传去，但是没人相信它，因为这有点好得令人难以置信。

但有件事情是真的，不完全是，但至少部分是。转移可能不是去波兰，而是保护国的某处，一个叫泰雷津的地方。它过去是个军事要塞，那里可能有足够的房间供人居住。我们要看看关于它是否有更多的消息。

※

我们没等多久就有结果了。登记后的几天，来了一个新的指令。我们再一次逃过一劫，但是佩帕叔叔在劫难逃。这一批几乎都是男人，他们是被安排去施工队劳动的。

### 1941 年 12 月 4 日

钟敲了九下。爸爸正在看报纸，我在看闲书，妈妈也找了本书坐下来看——这还是这段时间以来第一次，因为她终于缝完了旅途需要的所有东西。"转移可能会随时到来。"爸爸平静地说。平静，是因为我们并不是第一次以这样的方式等待着。我们像这样等过好几个晚上，这个晚上我们也会安然无恙吗？

夜晚的宁静被一阵急促的门铃声打破。爸爸迟疑地打开门。"今天轮到你们了。别害怕——毕竟，只是去泰雷津！"带来指令的人说，他尽量安慰我们。"只是"，他说出来容易，如果这个指令是针对他的，他就感觉不同了。爸爸用颤抖的手签了指令。那人走后，我们一动不动地坐了一会儿。我丝毫没有意识到两颗豆大的泪珠正滑下脸颊。当我感觉到时，我擦掉了它们。我不会哭！爸爸和妈妈也没有哭。妈妈打起精神，催促我去睡觉，并把洗涮用水加热。今晚每件脏东西都要洗干净。

※

早上我很早就醒了。当然我父母也早已穿戴好了。昨晚他们睡了吗？我连忙穿好衣服，有很多事等着我去做。我要去通知奶奶，爸爸要去通知姑姑们。如果他们这次也要走就好了，我们就可以一起走了。

我们在站台等电车。好像所有的电车尾厢都被故意撤掉了。就在我们下定决心步行时，终于来了一辆带尾厢的。过了一会儿，爸爸先下了车，我还有几站路。到了奶奶家，我有点犹豫，不知该如何跟她说这事，但她没等我开口就从我脸上看出来了。是姑姑陪我回的家，她来帮我们打包。

家里看起来很乱，行李散了一地，就像前不久的沃伊扎克家。每天都有雅利安人来拜访，有很多东西是要"雅利安化"的。他们每人都给我们带来了些路上要用的东西。

※

时间过得很快，明天是星期四，我们就要去登记了。尽管谣言传遍了布拉格："转移被停止了，再不会有任何转移了。"但我们不相信这些。

就让我们转移吧。无论如何这是不会延误太久的，而且毫不知情的等待是很恐怖的。唯一心安的事情就是我们还能平静地准备一切。

※

今天得知我们要在周日出发。我们有很多事要做，要确保在有限的

（1943年1月7日）财物清单

被驱逐前，犹太人必须上交一份财物清单。这幅画中，
我妈妈正在清点橱柜抽屉里的亚麻织物，一旁的爸爸把数字写下来

时间内准备好一切。

※

今天是星期六。明天我们就要告别我们的家、我们的亲人和我们至
亲至爱的一切。

朋友们在我家一直待到很晚，他们是来告别的。这是一个难过的夜
晚——在家的最后一晚！

今晚我又一次睡在自己的床上，但是明天呢？ 朋友们早就走了，
可我躺在床上久久无法入睡。为学校的事而担心得睡不着是在多久之
前？ 还不到三个月。如今看起来有多傻啊。回想当时我还担心他们不会
接受我，而现在我们都已习惯彼此。今天的告别多么艰难。我跟吉尔卡

告别才几个小时。他一直待到晚上，他无法说出再见。

　　毕竟，就在昨天我们全班同学还最后聚了一次，可我感觉它已经过去很久了。我还能听到他们的声音，感觉到他们双手的温度。现在，这些全都一去不复返了，我将永远见不到他们，也再不能跟他们说话了。剩下的只有我们用来记住对方而留下的纪念物。

　　我睡不着也不想睡着。如果我不睡，就可以延长这个夜晚并推迟离开时刻的到来……

### 1941 年 12 月 7 日

　　早上 5 点。客厅的灯亮着，我父母已经起床了。我的内衣和裙子在椅子上放着。桌子上有几本笔记本，大概是我在学校用过的。门框上是几个吊环。角落里立着钢琴。我的目光从一个东西移到另一个东西。我躺着，两手托着头，想把所有熟悉的东西都铭记在心，以免以后忘记。

　　我们坐下来吃早餐——这是在家的最后一次。今天无论我们做什么都是最后一次。脑子里一直都是这样的念头：不会再来了！我的姑姑和叔叔来了。我们可以出发了。我穿上外套，上面有我的号码：520。如今这是不可改变的事实——我们不得不要离开了。爸爸锁上门后，我们就下楼了。

　　整栋楼很安静，所有的居民都在睡觉。我们走进了空无一人的街道。时不时有一两个工人经过，步履匆忙地去工作。有人给予我们同情的眼神，有人视而不见，也有人掩饰不住地高兴，对于我们的遭遇幸灾乐祸。但是现在，我们已习惯了这样的对待，任何嘲笑和讥讽都影响不了我们。我集中精力，紧紧跟着大人们，不想落在后面。我说不出一句话，也哭不出，没有眼泪。尽管我感觉难过，但还是把苦水往肚子里咽。就像在梦里一般，我一边走一边朝我们房子的窗户望去，看它消失在远方。父母已经走在前面了，我不得不跑步赶上他们。

在电车里，我们遇到了几个熟人，他们也要去我们要去的地方：交易会展馆。半小时后我们下了车，不远处就是那参差不齐的队伍。我们站在队伍里——这次不同的是我们再也不回来了。相反，我们要走进交易会展馆敞开的那扇大门，它将在我们身后关闭，而我们将永远远离家乡。

但是现在没有时间考虑这些。我们前面的队伍变得更短了，等待的人少了很多，而我们也很快就要进入那扇急切地等着我们的大门。它像一张大嘴在等待它的受害者，就这样吞噬着我们。手臂上戴着黄色袖章的协调兵又来了，硬把我们和亲人拉开。这必须要快，因为在后面还有很长的队伍。"快点，姑姑，再亲一个，别哭——毕竟，你很快也会来的……"但是协调兵却没有耐心，他们认为告别花了太多时间。我们好几次转过身挥手，随后便被人群撕开，裹挟着往前走。

所有这些——告别、离家和这几个早上的经历——发生得太快，我们甚至没有时间反应过来。我们站在一张巨大的桌子边，前面有一个人在叫号。"518号、519号、520号。"爸爸叫道，告知我们的到来。我们被带去找到指定的位置。

交易会展馆挤满了人。地板上有许多面积两平方米、被漆成白色的方块，每个方块上面有个号码。四处散放着肮脏不堪、布满灰尘的垫子。我们终于到了写着我们号码的地方，每人从离得最近的垫子堆上拿了两个就坐在了上面。我们筋疲力尽又饥饿难耐，便从袋子里拿出在家里准备好的点心来吃。交易会展馆里的人越来越多。大家都在找自己的位置，拿垫子和行李。我找到了几个我认识的孩子，他们跟我们是同批转移的。跟几个小女孩一起，我们帮忙放好了行李。

※

　　交易会展馆已经满员了。我回到了自己的位置。我们的部分行李已经到了，妈妈徒然地努力想把一些东西聚在一起，好让我们坐得舒服些。我们向邻居做了介绍，然后看了看交易会展馆四周和院子。已经10点半了，他们开始分发中餐。我们叫号点名，每人拿了一张票和饭盒排队。时间过得很快，当我排到厨房窗边时还不到12点半。当然，这不是什么高级厨房，只有几个大锅、一个雨棚和一个大木桶，里面装了煮好的午餐。厨师往我饭盒里放了两个土豆，浇上所谓的肉汁并收走了票，这样我就不能回来再要第二份。我们在院子里吃午餐，吃完就在水龙头下洗碗，然后去休息一会儿。

　　我躺了没多久，就起身和几个新认识的朋友在整栋建筑里四处看看。我们很快就感到厌倦了：到处都脏兮兮的，只有灰尘、令人窒息的阴郁气氛、成堆的行李和行李间伸展四肢的人们。我们走出去来到院子，经过厨房，来到了两面围墙边，上面写着"男女厕所"。那股刺鼻的氯气让人受不了，我们也不想进去看看究竟。我们还遇到了其他一些孩子。当我们呼吸到了足够的新鲜空气后，便回到了父母身边。

　　牛奶是给孩子准备的，需要排更长时间的队。在这餐点心后，我给奶奶写了封信。我还画了些交易会展馆的素描放进信封里。如果够幸运的话，信就会送到——我希望如此；我们知道这里有个理发师，他会为了一两盒香烟去送信。

※

　　下午的时间像流水一样过得很快，我们不停地整理行李、排队，比我们后到的人的疑惑和嘈杂不时地被几声"注意了"所打断。

晚饭后我们都在自己那一小块地方做好睡觉的准备，但是没有人真正想睡。隔壁的人们在大声交谈，幽默感似乎又回来了些。

我们兴致勃勃的谈话无数次被一个尖锐的咆哮声打断，这次却是个嘶哑的声音："注意了，注意了！"随后有通知说一个德国代表团要来了。这之后，死一般的寂静覆盖了整个交易会展馆。很快，我们这个区域的人都站起来立正。当几个士兵穿着厚重的靴子、表情严厉地打量着我们经过的时候，我几乎要跳起来了。他们离开之后，我和妈妈去上"厕所"。这是我第一次到这个地方，所以我很好奇它会是什么样子。然而，我的好奇心很快就消失殆尽，就在我踏进上方标有"女厕"标记的栅栏缺口时，我的胃就开始翻腾欲吐。入口是一个狭窄的过道，一边是木头墙，另一边是圈占用地。在一个雨棚下立了一块木板，板子后面放了一排木桶，木桶上及其周围都是粪便。地上坑坑洼洼，事实上都是冰窟窿，因为现在是 12 月份，零度以下的天气。

※

我们要准备睡觉了，白天穿的外套自然转变成了晚上用的睡袋，我所要做的事就是脱掉鞋。确切地说并不很舒服，但是我也很快睡着了。

隔壁就是诊所，所以我们每过几分钟就会被送来的担架上的病人吵醒。刚开始时我看到他们觉得恶心，但是我很快就习以为常了。我不让任何东西打扰我，所以一直睡到了第二天早上。

※

快 6 点了，大家已经起床了。这里的嘈杂声就像最繁忙的布拉格大街上一样。大家都迅速地铺好床，又迅速地跑到院子里洗漱。妈妈和我来到"盥洗室"。当然，这不是砖头砌成的有自来水的盥洗室，而只是一个相当普通的棚子，里面放了两张凳子，墙上钉了几颗钉子。在一个角落放了口大锅，里面有点热水。这完全不是我想象的，但是我们非常满意，甚至狂喜。可怜的男人们怎么办呢？他们不得不在院子里洗漱，在户外脱得半裸，用水槽里冰冷的水洗，手都冻僵了。

洗完以后我们去吃早餐。这里甚至有白咖啡——这太好了；它其实并不是白色，倒更像灰色，但这并不重要，至少里面放了点奶。它闻起来也没什么味道，那又怎样呢？就算它什么也不是，起码它是热的，而且我们自己的圣诞蛋糕还能留到今天享用，配上咖啡也非常不错。

"注意了！"整个交易会展馆随着这声音又开始摇晃。没有人能离开指定的位置，我们大家都在原地等待着协调兵的到来。他们带我们来到院子里，这里长长的队伍一直排到了一个办公室，我们要在那里交出所有值钱的东西：现金、珠宝、银器和房子的钥匙。当然，只是我们随身带的东西——那些已经雅利安化的财产没有申报。可以理解，我们申报的比我们藏起来的要少很多。

轮到我们的时候已经9点半了，午饭之前就处理完毕。一队又一队的人都办完，整个上午就结束了。说实话，这里从来没有枯燥的时候。到了下午所有男人都要去理发。爸爸利用这个机会给了之前提到过的那个理发师一封信。他答应去送；我们希望他去，毕竟，我们给了他那天早上偷偷留下来的烟和钱，那足够他帮这个小忙的。我们又填了些表格，然后他们又发给孩子们牛奶。下午4点钟了。时间过得好快呀！我们离家已经两天了。

下午接下来的时间我跟其他小孩一起玩，之后就吃晚饭，不久我们就去睡觉。睡觉时候的吵闹再也不会打扰我，我没有它还睡不着呢。我醒来几次是因为一个协调兵走过来用腿摇醒爸爸，免得他的鼾声影响别人睡觉。

※

　　今天过得完全没劲，一切就像在重复前两天的事情。排好队，"注意了！"德国人来看了一下，我们在院子里走一趟，又填了几张表格，然后又到了晚上。今天我们没有盖羽绒被，它们已经被卷成铺盖卷了，所以我们盖的是自己的外套。我们的行李已经上交了，随身带着的只有手提箱，因为明天我们要离开了。

# 2. 泰雷津

**早上 5:00**

闹钟响起：起床时间到了！6 点钟我们要上车。我们匆忙洗漱——今天只是随便洗洗脸和手。我们还要去拿咖啡装满长颈瓶，这样在火车上就有暖手的了。我们把所有的东西装进背包，穿好鞋子和衣服，等他们来带我们走。

"注意了，注意了！所有号码为 50 以内的人现在上车，其他的人保持不动。"时间在流逝，我们在等待。"注意了！号码为 150、200、300、500 以内的上车。"我是 520 号。我们准备好了，正等着下命令。"注意了！550 号以内的上。"我们动身了。我们被带到了院子里，几百号要转移的人聚集在这里。我们在指定的位置站好。

一小时内，所有要转移的上千号人都在院子里聚集站好。每组都有几个德国士兵把守，他们的刺刀闪着寒冷的光。要小心，一切要保持安静。一个德国军官（或者类似身份的人？）大步来到院子中央准备发表演讲。死一般的寂静。一个越来越高亢的声音响彻整个院子。

他说了些旅途中的注意事项，之后我们得知了令我们所有人惊讶的事情。或者说，如果它是真的，将会让所有人震惊。不幸的是，我们早已习惯这样的演说和承诺，并且还数次有幸亲眼见证他们说的有多真实。

他们要我们去一个新地方以避免受迫害，在那里我们可以开始新的生活。我们将会得到照顾，一切都会好起来。我们应该心怀感激，因为我们是第一批去的，还能帮助建造营房好让后来的人住。我们听到了各种好话，奇怪的是他们所说的和从泰雷津秘密寄来的信上所说的完全不符。我们盯着演说者，心里默默地数着他能够像这样说多久。

※

早上 8:00

演讲结束了，第一批人离开这里去车站。我们不耐烦地看着离开的队伍。我们都冻僵了，要是能在火车上坐下来有多好啊。我们两脚轮换着踩在地上，数着时间。时针开始转第二圈了，我们还在原地没动。

我们排队来到了街上，前后都有骑车的士兵。行人在人行道上停下来，好奇地看着我们。他们有些人眼里噙着泪水；有时还看到有人瞠目结舌地站着一动不动，好像见了鬼一样。我们肯定看起来很奇怪。布拉格的居民不是每天都能看到这么壮观的景象：光天化日之下，人们由士兵监视着走过大街，背上背着他们所有的物品；就连小孩和老人的外套上也戴着星星和号码。这肯定是一个奇观，但是交易会展馆附近的居民照样做着他们的事情，因为近来他们对这种景象已经司空见惯。

我们毫不理会那些好奇的表情，思绪已经飘到了远方。毕竟，我们还不知道今晚睡哪里，他们是否要把家人分开，明天早上我们用什么充饥，还有其他类似的担忧。我们最后一次看一眼布拉格的街道。谁知道当我们下次再见它时要过多长时间，如果我们还能回来的话。这是布拉格的最后漫步。许多人——不，应该是我们所有的人——内心都在哭泣，但是我们不会让眼泪流出来。什么，让德国人看笑话吗？不可能！我们每个人都能控制自己。我们应该为自己的样子感到羞辱吗？还有那星星？那号码？不，这不是我们的错，是某些人应该感到羞辱。人世就是一个奇怪的地方。

车站到了。他们让我们坐进了，或者说我们被装进了一节空车厢。现在他们的事做完了。我们在标有自己号码的座位上坐下，行李放在座位的上面或者下面。我们甚至可以脱掉外套，因为寒冷的空气很快就被这么多人的呼吸变热了。外面是蜿蜒的人群，有更多的人要上车。

※

**上午 11:00**

上千名赶路者都坐好了，可是我们怎么还不出发呢？车厢的门已经关闭，每扇门都有拿着武器的士兵把守。

为什么我们还不走呢？也许这样我们就能多看几眼布拉格？非常感谢，多好的想法。透过关闭的窗户我们能看见什么呢？我们不允许开窗。如果开了窗，看在上帝的分上我们早就溜了；不要拿等待折磨我们了。

火车开始慢慢移动。我们真的上路了？没有，火车又停了，退回车站。再等待。大家都坐在位子上，很多人拿出三明治开始吃。

车轮又一次在下面发出咔嚓声，我们想我们上路了，但是刹车又一次发出尖叫声。这比停在原地不动还糟糕。它能不能——最后——又一次不行。最后还是不行。这里，那里，这里，一直还在原地。

※

**中午 12:00**

在车里待了两小时。我们再度离开站台，开过了车站，但这次没有回头；相反，火车加速了。每个人都安静下来。尽管我们早就想走，但现在真的上路了却心情沉重。

我们再也见不到布拉格了。永远！为什么火车不再回来一次呢？一次，就一次。让我们向布拉格最后一次说再见吧。向我们最亲爱的布拉格致敬，我们永远不要忘记她。

然而，火车并没有回来，也没有停止，它无情地、永不停止地奔向远方……

布拉格远离我们了。工厂和房屋渐渐变成了乡村农舍，柏油马路也变成了白雪皑皑的田野里的乡间小路。布拉格离得很远了。压抑的心情稍微轻松了些。

我们并不太在意已经发生了什么，但是很关心将会发生什么。焦虑和痛苦的情绪开始在车厢里弥漫。从来没有人去过泰雷津，大家都对它一无所知，仅有一点模糊的、不确定的概念。那里会是什么样子？叔叔会去车站接我们吗？一阵尖利的开门声打断了我的思绪。几个党卫军走进来。"注意了！"这句话响彻整个寂静的车厢。每个人都站起来立正。"28 个女人、6 个儿童和 26 个男人。"那个脸色苍白的协调兵向他们报告，脚后跟并在一起，两条手臂直直地垂在身侧。党卫军从头到脚审视他一通之后，扫了眼车厢，没留任何话。我们重新坐好，大家又继续交谈起来。从隔壁车厢传来一声打击声。一位妇女站在门边，看起来好像要昏过去了。她是我们协调兵的母亲。通过门的缝隙，她看到党卫军的拳头重重地打在他儿子的脸上；他由于紧张，算错了他看守的人数。

那位妇女已经镇静下来。隔壁车厢里的平头钉靴子的声音走远了，那个协调兵回来了。他还好，只是脸部有点红肿，但是他又开始笑了："我不会一掌就被打死的。"

※

现在我们到哪儿了？那边是瑞普山。我有很长时间忘记看窗外了，火车也走了很长的一段路。再过一会儿我们就要到泰雷津了。

乘客们都在整理行李，穿上外套。人人都有很多要问的问题。窗子外面有一大片影子，原来有很多人在寻找他们的熟人。火车放慢速度，几个颠簸之后停了下来。车厢门打开了，我们走出来。"你们拿不动的行李可以留在车上，行李将会全部送到你们手上。"我们留下一个袋子后就下车了。男人们穿着工装裤、厚底靴和无袖套衫，戴着帽子。还有货车。老年人和小孩可以乘车，其他人走路。

路面颠簸，冰雪融化。我们沉重的双腿踩入泥浆，装满行李的四轮马车溅起又黄又脏的雪水。在每个队伍后面都有手推车帮助那些拿不动包裹的人，推车的男人们乐于回答我们的问题。我们了解到很多不好的事，最糟糕的——并且我们认为这一定是真的——就是男女要分开住。

※

### 下午 3:00

我看见村子里的房子了。好奇的脸探出窗外看着我们，孩子们跑到房子前面来看个究竟。为什么街道上人这么少？毕竟，有好几批人已经到这儿了。我不明白。那边是什么，那个大建筑？人们聚在窗边，挥着手，但是距离这么远，我看不清任何人的脸。为什么他们都挤在窗边而不出来呢？"那个叫苏台德区，是男人住的营房，他们不准出来。"一个穿工装裤的人向我们解释。

"你好，赫希先生。"我身后的一个女人叫道。"啊，你也来了？""是的。你来这里多久了？""我是施工队的。"那男人得意地说。"你很累了，是不是？""别提了。""你妻子怎样啊，她在家里吗？""谢天谢地，我还担心她今天也会来呢。""是很感激她还在家里，即使是在交易会展馆……""你是说……"我没有更多的时间来关心赫希先生或者我身后女人的事。

　　我们眼前是一栋大建筑——营房，很明显。他们领我们进来。"男人往左走，女人直走。"可是这是什么啊——我难道不能牵着爸爸的手吗？"快点，快点，你没听到吗？""再见，爸爸！"这时人流推着我朝院子走去。拱形的窗子一个挨着一个，像柱廊似的。有些人已经到了，所以我们并不是第一批。都是女人，这一定是女人住的营房了。我们一定要站着吗？我再也坚持不住了。早上5点就起来了，然后坐车，我真的不行了，我又累又困。如果我的脚不疼就好了。

　　"不，妈妈，我还好，我只是有点累。"毕竟，我不想告诉妈妈我坚持不住了。她又能帮上什么忙呢？毕竟，她也跟我一样累，可怜的妈妈。但本不应该要这么久啊。如果他们带我们到某个地方就好了，不管哪里；如果我能坐下来就好了，即使是在地上，这样我就不必再站着了。

**到达泰雷津（1942）**
每人允许带50公斤的行李，一个箱子可以托运，剩下的都要自己带着

※

下午 6 点，一片漆黑。是不是有可能我们最终安顿下来了呢？往右转，上楼梯，继续走，再上楼梯。沿着大厅往左走，走过拐角，进入那个房间。

215 号房。谢天谢地，至少我们进了房间。但是我们坐哪里呢？屋里只有空空的四堵墙。我再也站不住了。我在铺盖卷上坐下；挨着我坐的是安妮塔和另一个女孩，她叫海伦娜。我们没有多交谈，实在是累得没力气说话了，连眼睛都睁不开。要是能睡觉就好了，不管躺在哪里都行，这是我现在唯一想做的事。睡觉，睡觉，忘记一切。

"给，你们自己分吧。"是垫子！我拿了一个，现在我什么也不管了，我要睡了。晚安。

现在是早上了吗？但是我才刚刚睡着。我仍然很累，我的腿和背都痛。这不算什么。大家都起来了，我躺的地方正好挡路。我们的铺盖卷都到了——我甚至没注意到。是爸爸昨晚送过来的。可怜的爸爸，他自己都没有躺一会儿，为的是让我能好好睡一觉。只有老天知道他在哪里找到的它们。

我们要去拿点咖啡，但是在哪里呢？我怎么知道厨房在哪儿？谁能在这里找到路呢？走廊，还是走廊，一个又一个的门。

经过 15 分钟的寻找，我终于站在了厨房边的队伍里。我拿了咖啡，又花了更长的时间才回到了我们的房间。吃过早餐——我们还有一点圣诞蛋糕，但是要省着点，因为我们的储备不多了——我来到洗漱间。我们几个人一起去的，所以很容易就找到了。它就在厨房的拐角处。

目前男人们和我们住在同一个营房里，只是在我们的楼下一层。但是很快他们就要搬走了，也许就在今天或者明天。我要去看望爸爸，然后去找我们的行李。院子里装满了行李，他们还在不断地运来新的。

※

经过半小时近乎绝望的搜索，我终于在一个偏僻的角落发现了爸爸。我们的行李都找到了，除了一个箱子。院子里乱得吓人，我甚至看都不想看一眼。我很高兴最终又能坐下来。我花了很长时间才找到回房间的路。这很恐怖，我永远都搞不清楚这里的路。不过那又怎样呢，反正我们在这里不会待多久的。

※

"今天男人们要搬走！"广播声在营房间回荡，穿过走廊，回声又从院子对面的墙上反射回来。女人们忙着打包。这是我们第几次做这事了？我们帮爸爸准备好了行李。从今天起，他要独自生活了，要自己照顾自己，这可不容易啊！妈妈焦虑地多次检查爸爸的包裹，想出了上千个问题，建议他该怎么做——爸爸根本不可能记住这些。

※

1:30

"男人们上车！"我们陪着爸爸来到院子里。现在我们还能在一起，现在，但是几分钟以后，也许一小时或一个半小时后，我们就要再见——也许永不再见。我不愿想这个，却控制不了胡思乱想。接下来会发生什么呢？也许我们永不再见。"爸爸。"不，不会的，我说不出话了。一声口哨响起，我们要走了。"赫尔加，要乖乖的，如果有一天……我们不知道会发生什么……"我咬住嘴唇忍住哭泣。我捏紧爸爸的手，他的手很温暖，然而在他的眼睛里——这是生平第一次——我看见了泪水。

我们感到——我找不到词语来形容，也许没有任何词语能形容此刻的悲伤。当然，妈妈和我还能待在一起，可是爸爸就要一个人了。这对于他来说是要糟糕千万倍。

口哨又一次响起，这次真的要走了。

※

**5:30**

天色已暗，几乎看不清东西了，而我还站在窗边。我的周围都是哭红了眼睛的女人，她们的眼睛盯在院子里的某个点上，那是我们亲爱的人的身影渐渐消失在夜里。现在天色暗得都分不清人影了，一切都融合成了一张网，蒙在我们的泪眼上，模糊了我们的视线。没有人离开窗子。我们渴望的眼睛盯着那个最后的地方，那里有我们的丈夫、父亲、兄弟和儿子。即使是 14 岁的男孩也被算作成年人，不能和妈妈待在一起。

**1941 年 12 月 13 日**

　　来泰雷津已经三天了。我们终于拿到了全部的行李，整理好了住的地方——它看起来并不漂亮，但是我们尽力了。我们 21 个人住很小的一间房，妈妈和我有 1.20 平方米的地方。晚上人们睡在房子中间，如果谁要出去，就要从别人身上跳过去。我们的脚都伸到别人的脸上了，真的很恐怖。如果不是亲眼所见，你肯定不会相信，而且在将来的某天，恐怕就连我们自己都很难相信人可以在这样的环境里生存。

　　自星期五以来，我们就没有再见过爸爸了，但是他通过一个有通行证的人给我们送来一封信，所以我们的巨大担心解除了：他跟我们还在同一个城镇。我们不能主动跟他取得任何联系，就连写信也不能——只有当某个有通行证的人来了才可以把信交给他。当然，所谓的信并不是那种写了字的一张纸放在有封口的信封里，它只是一张小纸片，巧妙地

**营房里的寝室（1942 年）**

"我们 21 个人住很小的一间房。妈妈和我有 1.20 平方米的地方。晚上人们睡在房子中间，如果谁要出去，就要从别人身上跳过去。"

折成很小的一块，然后藏在鞋子里、袜子里或其他的地方。党卫军经常要搜查口袋，被发现身上藏有信件就麻烦了。

※

今天听说又有一批转移的人要来。我等不及了——也许这批里面会有我们的亲戚。

※

**3:00**

我完全冻僵了。我从 11 点钟开始等，这时他们肯定随时要来了，我不能错过他们。玛尔塔姑姑这次会来（我叔叔在车站跟她说过话），我一定要在这里迎接她。

⌒⌒⌒⌒⌒⌒

**1941 年 12 月 16 日**

明天是我们来这里一星期的日子。已经过了一星期，还是才过了一星期？一星期仅仅是几天的时间，然而一切——离家、交易会展馆——似乎早已成为久远的往事。

前天有一队男人来过这里，爸爸不在里面，可能他要下次来。事实上他这次没来我还有点高兴，因为看到他我会更难过。他们把这队人带到德累斯顿（这是我们营房的名字）的院子里，让他们在那里站了一会儿，不允许任何人过去看他们，然后就让他们离开。仅此而已。女人们蜂拥到窗边，只为了能看一眼她们亲爱的人并用手语表达问候。

昨天又来了一队人，还是没有爸爸。接连几天，妈妈和我一直看着外面，这样我们才不会错过他。爸爸每天都写信给我们；他报名去运行李，并且得到许诺说大概他们也会到这边来。也许有一天这真的会发生。

※

今天它终于实现了。他们正向德累斯顿运行李。像往常一样，妈妈和我在大门口等——与其相信他会来，不如说是出于一种习惯。突然有一队肩上扛着行李的人出现了，爸爸也在里面。我兴奋极了，但是一定不能让别人看出来。亲吻或类似的举动是完全不可能的事，死了这条心吧——在这里怎么会允许男人去见一个女人？更别提跟她说话了，即使是跟他的妻子也不行。在这里，你就是一名囚犯，一切到此为止；那种事在这里是不会发生的。但是我们能相互理解，并且我们还很幸运：那个宪兵转过了身去。把行李搬到楼上来以后，男人们一分钟也不能多待。我们跑到爸爸身边，一人一边，他都不知道要先听谁说话。他甚至一句话都没来得及说，可怜的爸爸。我们有太多话要说，却不得不说再见。真希望他能想办法再来，也许下次他能待久一点。在楼梯的尽头我们告了别，那宪兵"碰巧"又一次转过身去。

三天后爸爸又来了，这次是随正式访问团一起来的。他们不被允许到我们住的地方来，我们也没有徒劳请求。爸爸喝了点茶后，我们就匆忙回到后面的院子里，这样就没有人发现他来过房间。到离开的时间只有 15 分钟了。我们沿着走廊走了一会儿，但是当我们 5 点半回到院子时，那里空无一人。

是不是钟走快了？当然不是。现在绝对是 5 点半，天已经黑了。其他的人都离开了吗？紧张的情绪慢慢爬上我们心头。可能他们在另一个院子里等。现在天已经黑得看不清了。最糟糕的是开始下雨了。

我们彻底绝望了。我们打着手电筒跑了一个又一个地方，但是什么也没有——院子里空无一人。现在怎么办？我们无助地站在院子中央，全身湿透，雨水从头滴到脚，但是看不到一个人能给我们建议或帮助。

爸爸要留下来过夜然后明天悄悄地入队吗？不行。8 点钟他们要清点人数，那时他是一定要在营房的。难道我们只能去宪兵那儿主动报告实情吗？可谁知道他今天是不是值日呢？如果今天是一个凶残的人值日，对这件事大做文章怎么办？我们深陷绝境。

正在这时，几个厨子乘着马车经过。一丝希望掠过：也许他们能给我们哪怕是一点建议。我们很走运，还没有清点人数，所以他们可以带

营房院子一瞥（1943 年 7 月 11 日）

上爸爸。爸爸高兴极了，他抓住马车，拼命地帮助推车！宪兵也没有怀疑爸爸不属于那个队伍。真希望爸爸回到马格德堡后一切顺利，没人发现我们这次冒险的蛛丝马迹。现在还不到 7 点半，等到清点人数时爸爸将早已归队了。

今天要是爸爸能来就好了。我们认识的很多人都在这儿，就是没有爸爸——他从来就不是一个软磨硬泡提要求的人。我们也不能做什么，只有叫人给他送去一点面包和沙丁鱼。我们还剩下一罐，妈妈把它藏起来就是为了今天，这样至少我们晚餐有鱼吃。今天是圣诞前夜。真是遗憾，如果大家能在一起，吃起来会更香。

我们毫无结果地等到天黑。我们本应该猜到爸爸今天来不了了，他不知道如何去运用规则。当然，你必须给别人点油水，但是爸爸和贿赂者向来不是一类。

这个圣诞节糟透了，我甚至见不到爸爸，距离上次他在这儿已经两星期了。最糟糕的是他们还做了茴香汤。厨房把菜单有点弄混淆了。但这又怎样呢？我们每天都吃这个，为什么今天不吃呢？就因为今天是圣诞前夜吗？肚子不知道这个，它也不会抱怨，毕竟，这才是最重要的事。

我们隔壁房间的女孩们准备了一个节目，附近房间的人都来观看。

真是漂亮。我们唱歌，女孩们还表演了一个短剧。我们暂时完全忘记了身处的环境，好像我们在自己的家乡，在某地的剧场；立在手提箱和大杯子上的蜡烛就像在圣诞树上熠熠生辉。我们是自由的。

没人再继续唱下去了，没人再关注女孩们的歌舞。事实上她们也停止了舞蹈。她们的思绪去了某个地方。她们不再是住在又冷又脏的营房里的囚犯，不再需要面对每天的饥肠辘辘和无尽恐惧。我们是自由的，远远地离开了这些堡垒和隔离区，这里隐藏了无数的痛苦和悲伤，死亡引诱着成千上万的受害者远离这里，围着堆满了东西的桌子，被包围在可爱的脸庞和礼品之中——这就是大家的思绪所在，就在蜡烛燃烧的光辉中，她们看到那个美丽的、难忘的形象越来越清晰——家。

我们一直待到很晚，眼里含满泪水，想念着我们的家。

※

一星期以后我们庆祝了1942年的新年，与往常的方式没有多大不同。大家都希望来年会比过去几年好，然而，它的开始就是不祥的预兆。

我甚至没办法往下写了，回想这些时，我的手颤抖得厉害。如果不是亲眼所见，我不会相信在20世纪的今天，会发生这样的事。今天早上他们下令关上所有的窗户。我们早就起了疑心。我们知道在乌斯季营房后面搭建了一个绞刑架。大约9点钟我们看见（你可以透过关闭的窗子看）一小队人进入了乌斯季营房。队伍的前后都是党卫军，九个年轻人在中间，肩上都扛了铲子——这样他们就能自掘坟墓！九个人被判处死刑。这些男孩做了什么恐怖的事情竟遭到如此残忍的处置？20岁的他们——也许更小，把自己的情况告诉了他们的妈妈。所以是他们非法传递信息？联系家人都是被禁止的，他们还能用什么办法来传递信息给家人呢？这就是他们被处死的原因。有什么不可能呢？这些天没有什么是不可能的。

我知道他们可以强硬且残忍，但是今天到了极限。他们承诺我们周日可以去探访我们的爸爸。整个星期我们都期待着这一天，简直等不及了。我们的爸爸也是，他们组织了一个类似音乐会的活动，来表达热烈的欢迎。天啊，毕竟，这是我们第一次被正式允许去探视。我们队按计划在 2 点钟出发。刚到 12 点钟，院子里就站满了梳洗打扮整齐、穿着节日盛装的孩子们。难道去看望我们的爸爸不是一个节日吗？

后来传来命令要我们回到房间，去马格德堡的行程取消了。我们当

**打扫团（1943 年 1 月 5 日）**
在打扫团里干活可以让你去别的营房。在原住居民撤离之前，
还不能在镇上自由行走的那段时间，这是男人和女人见面的唯一办法，
或者至少远远地相互看看

中有一人被发现感染了猩红热，他们不想我们传播疾病。我们极力反抗，但毫无结果。于是我们都垂头丧气地回去，期待已久的这一天最终以失望和泪水结束。我得到了一封爸爸的来信，信中说了他们为我们计划的一切，还有他们有多么期待这一天。也许下个周日我们会被允许去探访。

现在我每天和帕维尔（我们房间的一个 11 岁男孩）去物资部门口收集铁桶里的牛奶。有几次我们还和其他的孩子为这事吵了一架，但是现在我们 2 点半去那儿，这样我们第一个到，就没人跟我们争了。物资部里的人知道了我们，所以有时候他们故意不倒光桶里的牛奶，留个大约 1/8 升在里面。今天我们总共收集了 3/4 升牛奶。今天早上我们还弄到了些萝卜：一个给帕维尔，我得两个。昨天他们把萝卜放在一个废弃的停尸间里，但是那又怎样呢？谁还会想这样的事呢？饥饿难耐，萝卜可以填饱肚子。从家里带来的食物全都吃光了，面包还要积攒起来。我们的定量是半条面包吃三天，而且还是发霉的。

最重要的是我们不能被抓。我们从窗子爬进去，这很容易，从昨天起那窗子正下方放了一辆马车。妈妈还不知道这事，她去了马格德堡参加打扫团。她每天都去，所以她能跟爸爸说话。（我也想去，但是她们不带上我。）她回来的时候会很高兴。我想给她一个惊喜，还要弄点土豆。你可以从土豆皮里面收集到一点，过道下边有个房间，他们会把厨房垃圾扔在那里。我已经弄到牛奶了，如果还能弄到些土豆，妈妈就可以做土豆泥。我的嘴巴已经开始流口水了。

我为这次的转移感到心神不安。爸爸说（今天早上爸爸又一次设法到我们这边来了，而离上次见面已经过了三个星期）那很愚蠢，还能转

移到哪里去呢？但是当人们谈论某件事情时，它多少有点真实性。

今天下午，当我带着收集的牛奶回来时，发现房间里空无一人。大家去哪里了？我跑出走廊——仍旧空荡荡的。大家都消失到哪里去了？

我跟跟跄跄走下楼，来到院子里。发生什么事了？院子里全是人，而且每个人都用手指着说："嘘，安静，要点名了……"

"很不幸，你说对了。"爸爸这样写信给我们。是的，不幸的是，它是真的。有一个上千人的转移队伍将要向东面出发，点名的时候是这样说的。在我们房间，所有号码在300以内的人都要做好准备。我们在500以后，但是谁相信"他们"呢？"我希望会没事，"爸爸在信中继续写道，"但还是要打好包以防万一。"嗯，这样也好。我们原本想已经到了泰雷津，不会再有类似的灾难，现在我才明白，这些转移将永远没有尽头，永远没有。

昨天晚上指令下来（谢天谢地，我们不在里面）。今天早上，转移的人坐车走了。昨晚我们整夜没睡。没人知道自己是否会在里面，所以大家都在打包以防万一，或者帮助身边已经被传唤的人。我们认识的很多人都走了。

现在的营房就像有人死了一样。转移的人已经走了，而留下来的人的心情变得更糟。

布拉格来的人到了。三个姑姑和一个叔叔也到了这里：奥拉、米卡和弗里达，还有因德拉。他们在汉堡营房接受清洗（这是进出营房的一个程序，也就是犹太人交出所有值钱的物品）。不管付出多大代价，我们也要去看他们。这不容易，尤其是我。不管什么团他们都不带上我，因为我太小。我从来没离开过营房，直到我去伯德默克力收集土豆。我去汉堡营房是没指望了，但是至少妈妈可以。弗里达躺在床上，发着高烧——她在交易会展馆时就病了。只要不是肺炎就好。医生开了些敷料，但谁来帮她敷药呢？因德拉已经搬出去了——要求助于她不认识的人吗？这里每个人要担心的事已经够多了，没有精力管别人。妈妈一定要过去。

※

弗里达的情况不太好，妈妈过去看她。他们不带她去医务室。今天他们应该要搬到这边，来德累斯顿。自从一些人离开以后，我们的房间多了些空位。我希望我们有办法把她们全部搬过来。

※

现在我们都住在一起。他们用担架把弗里达运了过来。我要去弄一块垫子让她躺在上面。她终于能得到照顾了。

※

弗里达刚刚有点好转，米卡又病倒了。她们都得了肺炎。妈妈忙得团团转。她根本不去干活了，因为现在他们管得不怎么严了。爸爸现在能更频繁地来见我们，没必要去拉行李或搬土豆。他在办公室得到了个差事，还有了通行证，所以不管怎样，他总是可以想办法到德累斯顿这边办公差。

※

又一次转移离开的消息到达时，米卡还卧病在床，弗里达也刚刚恢复。那天早上因德拉写道他很担心，而到了下午他们就告诉了我们弗里达要走的消息。办公室的工作对爸爸有点保护作用，所以我们不需要像其他人那样战栗不安，但是你永远都不知道"他们"会干什么。明天可能会来一个不同的命令。这里没人能保证。

※

我们房间有很多人都在这次转移之列。又是一个无眠的夜晚。

※

第二天，转移要在午饭后开始。弗里达在得到点名通知后就做好准备要离开。爸爸和佩帕努力让她振作精神起来。

关于克里佛拉特 ① 的说法又是什么呢？这可能不是真的，但是不管怎样我不必再去上那种"课程"了。那是我们所谓的学习，因为像学校或类似这样的事是不允许的。

我们学习的地方就在各个寝室之间辗转。有时在他们空出来的一个角落，每人自带桌椅（我们的凳子是爸爸们在某个地方偷来的——对不起，我应该说是"弄"的，因为它们有巨大的不同——或者他们用面包换来木头，再钉成凳子和架子）、一本笔记本和一支铅笔，我们就这样

---

①　是捷克共和国波西米亚地区的一个镇。——译者注

学习。有时我们发出的声音太大，他们就把我们和老师赶出房间。还有一次，一个德国参观队来了——有人及时通风报信，我们尽快整理好东西消失了。

所以今天我们不用上课了。我们整天都没什么事。只是——关于克里佛拉特的传闻是真的吗？他们要让一批女性转移到克里佛拉特做农活。指令应该下午就会下达。

※

这批转移的人离开了。我姑姑奥拉、米卡和玛尔塔都走了。我希望她们真的会回来。她们不允许带上所有的行李，只带了刚好够用的生活必需品。现在还不确定，但是大家都说这只是劳动队，她们还会回来的。让我们期待吧。

我们搬到窗边空出的地方。毕竟，我们也该从门边的位置搬走了。现在虽不至于冷得可以从门上凿下冰，但是考虑到那里能把人冻僵的情形，我觉得应该转到一个稍微好点的位置。爸爸希望我搬出去；他们为孩子们做了专门的住所，叫"孩子之家"。对我来说去那里应该会更好。我去看了看，确实比这里好，但是我宁愿和妈妈一起住。

我们的学习现在更有规律了。上课地点要么在阁楼里，要么在孩子之家。也许我最终也会搬过去。比起跟大人们一起住在寝室，还是跟孩子们一起更好。

在孩子之家是很好，但是我真的好想原来的住处。我知道这很

傻——毕竟，妈妈就在我的楼上——但我就是忍不住。在这里白天很好玩，我们都是同龄人，一起学习一起玩耍。我们轮流做"家务"，打扫房间。我们一起围着桌子吃饭，然后两两铺好睡椅；我和迪塔一起。现在我们听说他们甚至要为我们搭建床铺。总之，这里的一切比在寝室好多了。如果我不是一直想妈妈就好了。如果让我决定，我宁愿搬回去，但是爸爸不让。我想我会习惯的。

我连一朵送给妈妈的花都没有，这算什么母亲节啊。但是我不能到营房外面，那到哪里去弄呢？我知道了，我要用纸做——我有几种颜色的绉纸。我一定能做到。还有什么呢？只是一朵花吗？而且还不是真花，它毕竟不是一个好礼物。

我有个主意。女孩们和我要做很多纸心，爸爸会写一句话在里面。今天下午，孩子们都得到了一份甜点，我要把我那份藏起来，到了晚上，妈妈做完工作过来的时候，我会将一切准备好。

※

我这次碰巧很幸运。我也不知道是怎么回事，在厨房他们给了我一块额外的点心，那是很大的一块蛋糕。我要把我的两块蛋糕分成四块，为妈妈准备一份礼物。我到清洗槽去看一看——我们认识的一些人到来了，我得到了些饼干。我把饼干和蛋糕装在盘子里，看起来真的很漂亮。

礼物并不丰富，但是妈妈知道这里也没有太多选择。不管怎样，明年我会为她弥补的。到那时我们肯定到家了！如果爸爸能过来看我们就好了，这才是真正的节日。

※

去克里佛拉特的人回来了，所以这次他们是对的。每个人都被太阳毫无保留地晒黑了，尤其是跟我们相比，因为我们一直被锁在营房里不见太阳。他们联系上了一些雅利安人，带回了很多东西（鸡蛋、奶酪——都是我们很长时间没见过的东西）。更好的是，他们带回了好消息。他们说，所有的一切都将在两个月内结束。

现在只有弗尔巴斯一家下落不明，我们全都在这儿。奶奶和瓦利姑姑昨天来了。希望她们不要直接被推向另一个转移目的地。人们又开始谈论转移的事了。

现在这里很好，是在这种地方能达到的最好状态。奶奶和瓦利姑姑住在217房间，妈妈和弗里达还有玛尔塔共用一个沙发床，奥拉和米卡住在另一间。我是唯一一个要跟她们分开住的。我特别想搬回去跟妈妈住，但是爸爸不听我的。他说我住在孩子之家应该感到高兴，以后如果我回想现在，我会感到高兴的。

也许他是对的。大人们有其他烦心事。又一次转移开始了。有个委员会在晚上开了会，他们已经开始起草花名册。我们听说这次主要是那些从里利佛拉特来的妇女。

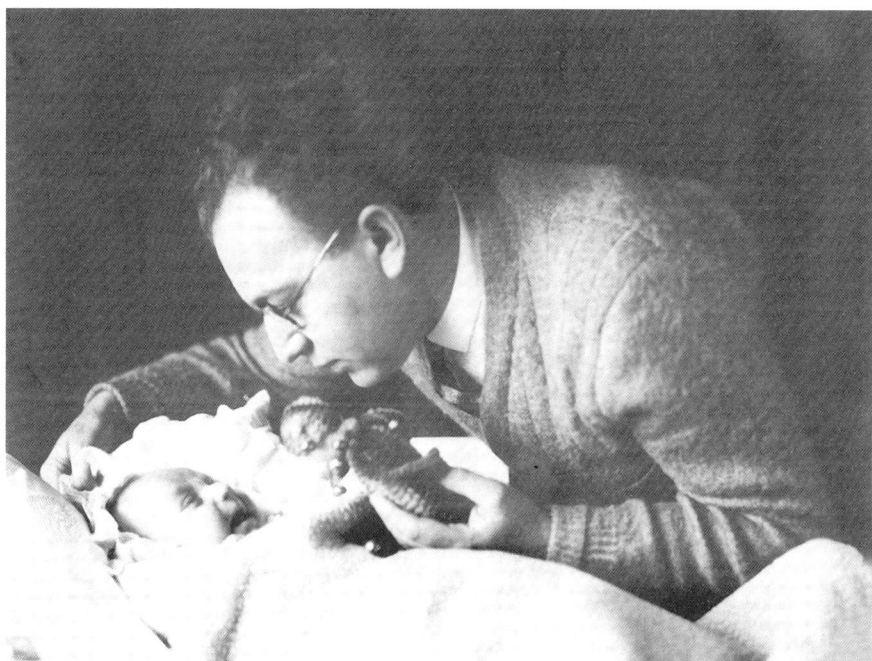

1930 年 2 月，婴儿赫尔加和她的父亲奥托在一起

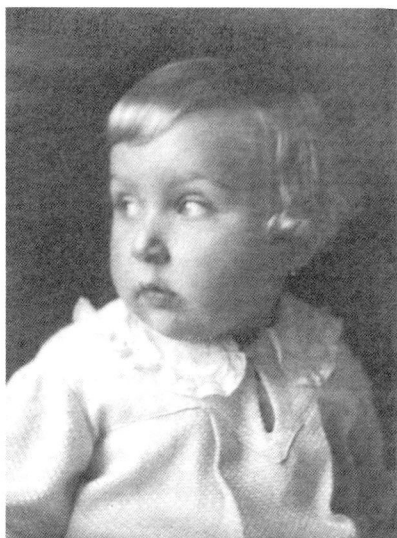

1931 年 2 月，赫尔加一岁

1936 年，赫尔加第一天去上学

赫尔加和奶奶索菲站在奥托出生的房子前

赫尔加与父母和奶奶在一起

1939 年之前，布拉格市中心的瓦茨拉夫广场

1939 年 3 月，德军进入布拉格

一队转移的人经过泰雷津南边的博胡绍维采

在屋顶上俯瞰一座不知名的集中营

1944 年 1 月 20 日，一大队刚刚到达泰雷津的荷兰犹太人被驱赶进营区
（照片在党卫军监视下拍摄，以作宣传之用）

转移来的荷兰犹太人在泰雷津的
院子里吃第一顿饭（照片在党卫
军监视下拍摄，以作宣传之用）

1944 年 6 月 23 日，泰雷津营区主庭院的一张照片，由红十字会代表团的一位领队在访问时所摄

1944 年 1 月 20 日，泰雷津街景（照片在党卫军监视下拍摄，以作宣传之用）

1942 年 4 月，立陶宛科夫诺犹太人区的一个车间里，犯人们正在工作

1943 年，波兰普拉绍夫集
中营里的苦役

被美军于 1945 年 4 月
23 日解放后不久的德
国福洛森堡集中营

在泰雷津时，赫尔加设法偷偷交给父亲奥托和叔叔约瑟夫·波尔卡的便条，后者保存了她的日记

赫尔加的母亲在泰雷津给丈夫偷递的便条，说打算设法让她的妹妹和其他亲人与她留在同一栋营房里

奥托在泰雷津写给约瑟夫的两张便条，描述了与家人分开的痛苦、无法离开营房的挫败及对赫尔加和其他孩子无法如期前来的遗憾（见本书第42页的描述）

赫尔加笔记本的封面，她
在上面写诗、记事和绘画

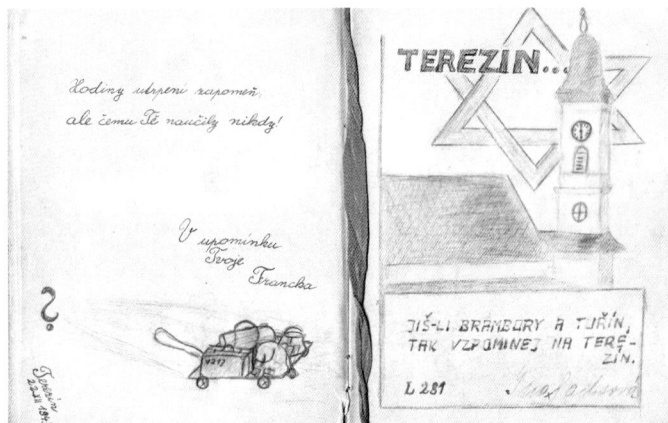

赫尔加笔记本中的一页，左边写着："忘记忍受痛
苦的时刻，但勿忘他们所给的教训。纪念，弗兰卡。"
右边写着："吃土豆和萝卜时，牢记泰雷津。"

赫尔加笔记本中的一页，上面是她的犹
太同学在被从公立学校驱逐后的签名

※

两天过去了，而我不会这么快就忘记的。他们怎么能让奥拉一个人去而把米卡留下呢？经历过克里佛拉特的苦力活后，你应该为此感激涕零。他们先许下天大的承诺，然后把人们塞进转移的车里。但是我们真能期望他们能做出什么好事吗？结果还不错，我们把奥拉弄出来了。除了她之外，没有我们认识的人在里面。

1942 年 7 月 1 日

我一定要记住这个日子。营区开放了，我们可以在街上自由活动。白天必须要有通行证，但晚上每个人都可以。独自一人行走的感觉多好啊，没有监视——我想去哪里都可以，像个自由人一样。这一定是迎向自由的一小步，距离战争结束一定不远了。

他们得到允许在营房周围的一块大空地上建一个操场，我每天会去那里。我们吃得也比以前好多了。妈妈开始帮别人缝衣服。你挣不了太多，这是真的——手工缝制一条裙子只得到一条面包——但是即使这样对我们也意义非凡。总的说来，比我们刚来的时候好多了。毕竟，那时这里一无所有，墙上连一颗钉子也没有。我们就像开拓者一样，赤手空拳，从零开始。今天，半年以后，我们已经完成了相当多的工作。他们开始做床铺，还设立了阁楼剧院，我已经去看了几场演出。很快还会有《交换新娘》的首映。雅利安人住过的房子已经打扫干净，街道分了区域，还立了指示牌，垂直方向的用 L 标记，水平方向的用 Q 表示。新转移来的人就直接进入小区了。

过几天我们要开始搬迁：所有的劳动妇女去汉堡，办公室的工人从马格德堡去"尚"（原来是个酒店），带着婴儿的妈妈们去婴儿之家，孩子们去孩子之家，幼儿们去幼儿之家，大女孩子们去女孩之家，男孩们去男孩之家或学徒之家。那些官员们，所谓的"上层"，在马格德堡有了自己的房间。

**L410 号楼的寝室（1943 年）**

*"他们按年龄把我们分进不同的房间，我被分进 24 号房间。*
*我们共有 33 个人，住的是三层式的铺位。"*

我们德累斯顿的家搬到了广场上的教堂旁边，L410 号的女孩之家，这里以前是前德国司令的住处。他们按年龄把我们分进不同的房间，我被分进 24 号房间。我们共有 33 个人，住的是三层式的铺位。白天我们一起上课，也可以有组织地出去。妈妈病了，她得了中耳炎，而我只能每天晚上去看她一个小时。我想她想疯了。

我跟一个比我小四天的女孩一起住，她叫弗兰卡。我们的妈妈发现我们出生在同一个产房。从那天起我们便成了朋友。以这种方式见面真是有趣。因为我们是朋友，就要同住一张床，可弗兰卡不愿离开她的单人床。但是，在一次不幸的事故中，她从床上掉下来，结果她妈妈不让她再睡在第三层了。她很走运，基本上没什么事，虽然撞到了头，还好并不严重。这样想很不好，但是我有点高兴它发生了，因为碰巧我隔壁有一个空位，所以弗兰卡就搬过来了。现在我没那么想家了——我们两人都是，因为弗兰卡跟我是一样的。在床上，我们一直谈到深夜，也就没有时间哭泣。不管怎样，我们为什么要哭呢？毕竟，我们都是年轻女孩，应该要快乐，不要哭。大家都是这么想的，如果不想让他们看笑话（我们的确不想），我们就不能违反这条格言。

任何事情都没有理由哭泣。因为我们身陷囹圄，因为我们不能去看电影，不能去剧院，也不能像其他孩子一样在街上散步，我们就该哭吗？正好相反，我们恰恰要快乐。没有人会因为不看电影或戏剧而死。你可以住在人满为患的屋子里（我们这里相对人少，只有 33 个人），睡在有跳蚤和床虱的铺位上。缺乏食物更难受，但是一点饥饿是可以忍受的。"有志者事竟成……"只是你不能太在乎所有的事情并为之哭泣。他们想摧毁我们，这很明显，但是我们不能屈服。这最后几个月我们一定要坚持住。

現在即使可以，我也不想从这里搬走。我们有一个极好的团体。我们在看护者的组织下一起学习捷克语、地理、历史和数学。毕竟，我们 13 岁了，可才完成了小学课程。战后我们会怎样呢？我们通常在晚上看书，有时候自己看，有时候互相朗读。这里有很多好书可选。这一点可以理解，因为当我们打包 50 公斤行李时，并没有太多空间放书，所以每人都带上了最珍惜的那本。我们一起分享了恰佩克的《第一救生队》《罗

**阁楼里的戏剧表演（1943年12月）**

在泰雷津有很多艺术家和科学家，在非人的生活条件下，我们的文化生活仍
然很丰富。文学朗诵会、音乐会、戏剧和演讲在寝室、阁楼和院子里举行。
它们是希望和力量的源泉，包括小孩在内的每一个人都非常感兴趣

素姆万能机器人》《母亲》和雨果的《悲惨世界》，还读了杨·聂鲁达、吉
日·沃克尔的诗歌；我能背诵《烧火工人的眼睛之歌》《水手》和《未出世
的孩子》。

昨天我去看了《吻》，它是在马格德堡的一个阁楼里上演的。尽管
只有钢琴的配乐，没有幕布和服装，但是给我留下的印象远远超过在国
家大剧院的观赏。

弗尔巴斯一家到了。现在，似乎无论何时都会有转移的人员离

开。我的堂兄来了有一个月，一直在铁路施工队干活。他们向他承诺这份工作会保护他的全家不用转移，但是他们家有五个人，这可能会很难。总的来说这次转移情况不妙，他们甚至连清洗程序都不想免除。

※

爸爸、佩帕和弗里达尽了全力，但是人太多了。佩帕本来可以留下——铁路施工队的工作保护了他——但不包括他的家庭。他不想一个人留下，所以主动申请离开。今天早上他们一家离开了，清空了东西直接离开。

※

弗尔巴斯一家刚离开，新的转移指令又下达了。奶奶和瓦利姑姑被算在里面。我们没能救她们出来。妈妈想主动加入，弗里达也是。但是最后，她们还是留下了。

转移老年人。1万个生病的、瘸的、快死的人，每个都超过65岁。

天气极其炎热。太阳光直接照在我的铺位上，我想要躲避，找个阴凉的地方却是白费功夫，阳光到达的范围越来越大。

今天我不会去志愿队帮忙。到今天为止我没有落下一天，但是我太累了，不想再看那些生灵涂炭。转移老年人。年轻人不准自愿加入。孩子们不得不眼睁睁看他们年迈的父母离开而无能为力。

为什么要送走毫无防御能力的人呢？如果他们要消灭年轻人，我可以理解；他们也许怕我们，也不想让更多的犹太小孩出世。但是这些老年人对他们有什么威胁呢？他们已经来了泰雷津，这还不够吗？就不能让他们在这里安静地死去吗？毕竟，死亡就是等着他们的东西。已经有一半人死在火车上和清洗槽里了。

营区的看守们在楼下窗子边边跑边叫，他们要封锁街道。又一队人要来了。他们有个担架、一辆装着尸体和包裹的两轮推车，边上还有一辆灵车。街道被肮脏的灰尘厚厚地包裹着，在8月太阳的照射下发出炫目的白光。手提箱、担架、尸体，一个星期以来都是这样。尸体装在两轮推车上，活人坐在灵车上。这里的一切都是用这样的工具运送的：脏衣服，面包——我们也有一辆停在我们家的院子里，上面还写着"孩子福利"。

这有什么关系，车就是车，没人会停下来多想，但是用它装人就有点过分了。

推车隆隆作响的声音又一次在窗外响起。有两个转移官——转移的管理者——在走着；然后是行李，再后面有几个担架搬运工和志愿者。

和行李放在一起的是尸体吗？不，有一个还在动；透过车辆周围扬起的灰尘，我看到一个黄色的肩章在闪烁。有谁会忘记他们呢？我们每天都能在厨房附近看见他们。他们拄着拐杖，或瞎了眼；手里拿着个小碗，祈求一点咖啡或汤，从没洗的桶里或盆里找一些丢弃的东西煮来吃，或者在腐烂的土豆堆、蔬果皮和垃圾堆里翻找。是的，就是他们：骨瘦如柴，饥饿，悲惨。他们，是灵车上的活人。他们有多少人能撑下去，有多少人会回来呢？

所有的灵车都拿来使用。第一次，它们被用来装活人。而对于这些人，没有什么比这更合适。他们这一把骨头要去哪里？他们的尸首要抛向何方？没人为他们哭泣，没人为他们的过世哀悼。直到有一天，他们会在我们的课本里被提及。那么唯一合适的标题就是："活埋"。

＊＊＊

三个年轻小伙子逃跑了。为此，我们经历了一个星期的宵禁和灯火管制。我们只能有组织地去干活，6 点以后谁都不能到街上去。我们劳动回来已经天黑，早上天还没亮又要去工作。我们凭着记忆穿衣服和脱衣服。窗户一定要保持黑暗，不允许有任何灯光闪烁。明天我要去汉堡营房拿面包，也许可以设法进去看妈妈。

※

宵禁取消了，但是很显然灯火管制将持续整个冬天。我们要节约用电。每个区每三天轮流断电。我们可以点蜡烛，但是它们用不了多长时间。我们从家里带来的储备已经所剩无几了，他们也不会另外发给我们。这是非常无聊的，因为我们在晚上不能看书了。

没有光，一切都悲伤而沮丧。我太想念布拉格了。一夜又一夜，弗兰卡和我不断重温布拉格，我们经常在梦里看见它。

今天我做了个美梦，我梦见我在家里，我绝对清晰地看见了我们的公寓和街道。现在我很失望，心情很坏，因为我醒来时发现自己在这个铺位而不是在家里的床上。但是，也许这是某种预兆，预示结束的来临。那时应该有一个全德范围的无限制灯火管制。

**在残羹剩饭里翻找**（1943 年 3 月 10 日）
老年人情况最糟，因为他们只有很少的食物定量

　　真是难以置信，时间过得这么快。再过几天，我们来这里就一年了。去年我从未想过我会在这里过生日。我的生日过得还不错。我得到了几个蛋糕——当然，仅仅是泰雷津式的；一个小装饰——我的转移号码；还有很多其他的东西。我们也得到了一个包裹。一个月以来，寄包裹已经成了被允许的行为。

　　这里基本没什么娱乐，所以我们寻找每一个机会，比如生日，来让大家打起精神，或者表演一场戏剧等。这里多种族女孩住在一起，所以我们决定既庆祝光明节 ①，也庆祝圣诞节。我们简直迫不及待。因为光明节在圣诞节之前，主要准备活动一直延续到了节日。我们每人要准备32 份礼物，每人 1 份，或者更多。距离光明节还有 14 天。从今天起我们不能吃糖和黄油，所有这些都要节省下来做节日蛋糕。谁有熟人在厨房工作或能收包裹就想法弄点果酱。在庆祝的前一天我们都不去用餐，因为要省下所有的土豆留到第二天大家一起享用。

　　用土豆奶油蛋糕来庆祝节日？在泰雷津我们有极好的制作方法，别的地方是没人知道的。比如，穷人奶油面包蛋糕，它真是美味佳肴。

※

　　我们没有一起庆祝圣诞节，因为大部分女孩都想跟父母一起庆祝。新年前夜我们举行了面具舞会，直到深夜 1 点半才结束。所有的人都互祝新年。之前的很多年都让我们很失望，明年会好起来吗？

---

　　①　犹太人的重要节日，庆祝日期与圣诞节相若。——译者注

〜〜

**元旦后的第 14 天〔1943 年〕**

"孩子们，威力克要来了，他现在在一楼。从 13 号开始，妲莎、薇拉和汉卡都要走。现在到了 25 号，迪塔、伊娃、丹克和丽莎。"

威力克站在我们房间的门槛上，所有人的目光凝固在他的嘴唇上。谁——我也在里面了吗？几张白纸在威力克的手指间抖动。他慢慢地环视着房间，最后目光停在我身上："赫尔加，来，帮我签了这个。"我从来没有像今天这么快地起床并且如此迅速地穿好衣服。

深夜，大家已经上床了。这时，姑姑过来并把我带到了马格德堡。我们在爸爸的办公室一直等到半夜。他们向爸爸许下了承诺，我们甚至不需要打包。

下半夜我在妈妈住的地方待着没回去，直到第二天早上。女孩们等得不耐烦，想知道我带回的消息，得知我们得到承诺，她们无比高兴。但是不能太过相信承诺，所以我们还是着手打包，以防万一。

转移的人那天晚上就要走，到了八点我们仍然没接到点名单，最后爸爸得到证实，我们不用走。很快他们就送来了点名通知。

〜〜

这里再也不是我们的家，而是一个常规医院。大家都躲着我们，L410 号楼一半的人都病倒在床，温度计显示总是在 40 度以上。生病的人数每天都在增长，医务室也应付不了。各个房间里满是病人，医生也不知道怎么办。

我感觉不舒服，很可能也要病倒在床上。我得过在这里出现过的每一种病……"女孩们，无论你们谁要去汉堡，告诉我妈妈说我今天不会过去了。我的体温是 38 度。"

他们昨天把佐尔卡带到了医务室。她情况不妙，医生也没抱多大希望。她可能得了斑疹伤寒。他们想要隔离我们，他们怀疑我们每一个人。

这里看起来很糟糕。每个房间不超过三个人是健康的。即使是姐莎，我们的看护者今天也没来。她发烧 38 度已经有一个星期了。

※

昨天他们把莱尔卡的姐姐带去了瓦拉比营房，她已经失去意识。他们建了个新的医务室。哎呀，我又感到很冷，我肯定发烧了……

※

昨天，我的体温是 40.3 度。我的鼻子一直流血，身体状况十分糟糕。他们也止不住流血，最后医生来了。我想我要死了，这就是我的病情的严重程度。今天我感觉好多了，只希望我的体温不会再升高。

我很幸运，在每个体温超过 38 度的人不得不转到医务室去的当天，我的温度降了。这是斑疹伤寒。我不知道——也许我得了，也许没有。不管怎样，我的体温没有升高，他们没有把我送去医务室。

L410 房楼的门上贴了巨大的标记："注意——有感染。"大家都远离这里。莱尔卡的姐姐死了，而莱尔卡自己也得了斑疹伤寒。薇拉、奥林和玛尔塔去了医务室。昨天他们把米尔卡带去了瓦拉比营房，我听说她在垂死挣扎。姐莎和佐尔卡已经死了。

※

　　斑疹伤寒在整个泰雷津迅速蔓延。医院和医务室人满为患。他们空出了一栋楼用作斑疹伤寒病人的监护区。到处都能看到这样的标记："注意——斑疹伤寒";所有的水管和水泵都有"别忘了洗手"的告示,但是这里从来就没有流动水。

※

　　商店营业了,我们还听说劳动是有报酬的。我们对此会有何想法呢?真是好笑。商店,钱!有什么用?又是为了谁呢?

※

　　他们真的开始在这里卖东西了,我们觉得很奇怪,没人想过他们真会这么做。要转移的人几乎被没收了所有的行李,很快就有东西可供出售。这里有一个商店卖碟子、箱子、衣服和床单,一个商店卖香水,还有个杂货店。我们的报酬被分为四种,他们专门印了一种纸币当钱。做任何劳动都能得分。每六个星期我们去一趟杂货店,你可以买到芥末、香菜、食盐和面包酱。
　　现在这里看起来像一个真的小镇,但是我不懂他们这样做的用意是什么。如果把用来开商店的房间空出来给人住,那会更有用。一方面,他们把人从这里转移出去,而另一方面,他们像这样玩游戏。

※

　　又有一批人要转移。我们听说他们不会去波兰,前线已经转到这里来了。他们是要去波兰边境一个新的集中营，博胡明附近的某个地方。可能到处都一样。

※

这里的事情看起来有点起色。女孩们逐渐地从医院回来了，甚至米卢萨卡也要出院了。我们原本对她没抱多少希望，就连医生们也没把握，她真的是命悬一线。明天奥林、鲁扎、阿莱娜和玛尔塔会回来。谢天谢地，我们又是原来的 24 号了。

我们都报名参加了菜园劳动。

那里很棒。我们得以在营区以外的地方劳动，还拿到了团体通行证。我们都被分到了同一组。仅仅身在户外就很有趣。那里跟这里的不同之处，你从我们的样子就可以看出来。我们去那里还不到两个星期，便被晒得红扑扑的——但是在户外也没有那么好，太阳还没升起我们就要起床！要是我们不用起那么早就好了。还有不停地锄地——我等不及做完这些，到时就可以播种了。

我真的很期待带点蔬菜给妈妈。也许就在今天，如果我们去克里特摘菠菜的话。我要做好准备，以便可以“弄”点回来。穿上宽大的运动裤也许有用，或者外面再穿上菜园劳动裤？噢，卡塔有个好主意。她拆掉了袖子里层的线，这样袖子就成了一个很好的口袋。15 分钟过去了，再过一会儿我们要去排队。

一个关于伦勃朗的讲座在男孩区举行，是用幻灯片播放的，很有趣。我希望以后还会有类似的讲座，我一定还去。

我们都参加了文化之夜。他们背诵了维庸①的诗歌，它对我影响巨大。那些诗句既令人恐惧又唯美："在泉水边我干渴得快要死去，/我如烈焰般酷热，牙齿却在颤抖：/在我的土地，如处异邦：/我靠近火焰，却颤抖得令人难以置信。"这些诗是我从别的地方借来的。

妈妈又要搬了。出乎意料，农业部来了些女人，有那么多地方，她们却偏偏看上了妈妈的房间。因为是农业部来的，而且她们可能在房屋管理部也有些影响力，她们就得到了想要的房间，而其他的女人必须在24小时内搬出去。我们到这里有一年半了，但是如果你没有任何势力又有什么用呢？妈妈没有分到另外的房间，所以她不得不搬到阁楼里。

终于，三个月后妈妈在84号房间有了一个铺位，在三楼的一个靠窗的位置，又一次跟弗里达在一起。非常好——最重要的是它很隐蔽，所以在晚上，我们可以爬上去并且安心吃晚餐，不会挡住别人的路也不

① 弗朗索瓦·维庸（François Villon，1431—1463）中世纪法国最著名的诗人。——译者注

会受他人干扰。

## 1943 年 9 月

　　女孩们都聚在洗漱间门口，一些拿了洗脸盆和要洗的衣服去了院子。凳子、床梯，手接触所有的地方都感觉刺痛。整个冬天炉子没有加热，洗漱的水也是冰冷的。每个洗槽和脏兮兮的衣服边，在铺位上，在走廊里，凡是有空位的地方，到处都堆满了手提箱、背包和其他行李。麻木的手指缝着穿破了的衣服。"女孩们，你们谁先用完？我要预订一个洗衣盆。你去哪儿了，伊娃，去了马格德堡？有消息吗——多少，1500？！"

　　那天下午通知来了，玛莎，我们的看护者，伦卡、吉塔和艾玛在里面。到目前为止我们还不用转移，但是他们还要宣布预备名单。

※

　　"赫尔加，起来，我们要走了。"今天早上妈妈过来叫醒我时说。一会儿工夫后，维拉带来了我们的传令，我们在预备名单里面。

　　预备名单上的人正在酿酒厂接受清洗。现在是下午 5 点，我要上车了。维拉已经在叫了。"哦，玛莎，再见，我不会说永别——毕竟，我们很快又会见面的，而且我们会在比克瑙或别的什么地方找到一个新的 24 号。弗朗西，我会在边上给你留个铺位的。女孩们，过来看看清洗。吉塔、伦卡你们准备好了吗？再一次，女孩们，再会。再会，24 号。"

**下达加入转移的指令（1942 年 2 月 24 日）**
下达转移的命令大多是在晚上。
集合的时间和地点都写在一张纸条上

※

与其待在预备名单之列，我宁愿直接离开。我们拖了多少行李？我们一直不想把我们的行李送走，万一行李被送上路了，而我们却留下来了该怎么办？同时还害怕发生相反的情况。若非这可怕的不确定，我们可以不管这些——整晚睡不着，至少两次把行李从阁楼搬到院子里又搬回去。如果按照号码来进行就好了，但是转移管理部却随心所欲。最后，预备名单上数字最大的人员走了，剩下的留了下来。我记不清我们在院子里集中了多少次，只记得在某种程度上我倒是想登上离开的列车。

有一次我们已经在去坐火车的路上了。如果不是妈妈，我们都已经走了。在路上，她转身看了看，发现我们后面没人，于是我们又回到清洗槽，在门外的院子里躲了一会儿，结果他们让我们进去了。很幸运，我们是第一批走出清洗槽的人，因为后来他们没有足够的人，便把任何能找到的人都带走了，甚至直接从街上抓。女孩们——吉塔也留下来了——在酿酒厂门口等着，浩浩荡荡地、兴高采烈地护送我们回到住处。弗兰卡马上帮我铺好了被子，很快我就睡着了。我从来没有在铺位上睡得这么香。现在我最盼望的就是战争结束。

索科尔附近的那些建筑要空出来。他们在准备一顿特殊的晚餐，我们在准备灭虫。一些波兰孩子要来。这完全不可理解，他们为什么要把孩子们从波兰带到这里呢？

他们昨天下午5点到了，没有人可以进去看他们。很快一些护士、看护者和医生获准进入，除了他们，谁也不准靠近那些建筑一步。

※

我们还是得到了一些消息。孩子当中没有一人会捷克语；我们甚至也不知道他们是否是犹太人，是否来自波兰。我们从塔里能看到一点他们；今天早上，他们去灭虫。他们看起来很糟，甚至很难从外表猜出他们的年龄。他们个个面目苍老、身躯瘦小、精疲力竭，大多数没穿袜子，只有少数人穿了鞋子。他们灭虫回来后都被剃得光光的，我们听说他们身上有跳蚤。当被带去洗澡时，那些孩子个个露出惊恐的眼神，挣扎不已。他们害怕那是毒气吗?

昨天下午他们被带走了，医生、护士和看护者也跟着走了。整个隔离期间，他们的食物是特制的，衣服是别人抛弃的。唯一一个跟他们取得联系的人是弗雷迪·赫希，现在，他被锁在司令总部的一个地堡里。

他们离开了。我们永远也不知道他们从哪里来又被带到哪里去。他们留下的只有墙上我们无法辨认的涂鸦线条，还有那个恐怖的、难以解释的谣言——毒气!

11 月 10 号我是在床上度过的。我又发烧了。尽管这样，它还是一个令人愉快的生日。我得到了来自每个女孩的礼物：弗兰卡的布丁，因德拉的小装饰品。这还不包括爸爸妈妈送的。我不知道她们在哪里弄到这些的。这么多漂亮的东西，即使是在家里也不可能有比这还棒的生日了。然而，第二天就没这么愉快了，那是所有在泰雷津的日子中最值得记住的时刻。

## 1943 年 11 月 11 日

不幸的是，又也许幸运的是，由于生病，我自己没有加入，所以我很遗憾没能写下更详细的笔记。

早上清点的人数与实际人数不符，据称有人逃跑了。这可能是真的，但也可能是德国人编造出来的。他们认为有必要进行一次全体居住人口的统计，而且不是在营区里面——以前有人失踪他们这样做过——这次是在营区外。那天晚上，所有住在旅社和专业医务室的病人都转到了营区里的医务室。除此之外，所有营区居民，从婴儿之家的婴儿到年纪最大的老人，都被带到一个巨大的草场（博胡绍维采盆地），以百为单位排好队，从黎明一直站到深夜，不断地重组队伍和重复点数。大家最害怕的就是他们可能永远不会回到营区，要被带走枪毙等等。这些想法是他们从党卫军恶毒的奚落和言语中推断而来的。尽管我不在场，但我能想象我在场会是什么样子。

尽管我自己还不确定，但是其他人认为我躺在瓦拉比营房病床上时的情况好了很多。那天早上感觉还好。因为缺铺位，丽金卡和我睡在一张床上，我们的心情都不错。他们也来给我们点了数，所以我们认为这只不过是一次人口统计。但是，到了 3 点，又到了 4 点，最后到了 6 点钟，还是没有任何人回来的迹象，我们开始担心了。我们跟在外面的人的担心是一样的，都是最恐怖的猜测，而且我们为没有跟他们一起去，与他们共存亡而自责。如果我们能获准到走廊里看看窗外的大街就好了——但这也是禁止的。

　　眼睛紧盯在门上，竖起耳朵，我们紧张地倾听哪怕是一点点动静。我们蜷缩在床罩下等待着，可什么也没等到。冷酷和反常的寂静是对我们问题的唯一答案。我还能见到我的爸爸妈妈吗？他们发生什么事了？加上一整天没吃饭，我们紧张不安的神经终于崩溃，眼泪决堤而出。

　　大约在晚上 8 点钟，脚步声终于在外面再一次响起。营房走廊又有生气了。门开了，病人的亲人们进来告诉我们发生的一切。爸爸也来看我了，还帮我带了点吃的。我们待在医院里直到早上。

　　从来没有人像 11 月 11 日的那天晚上回到泰雷津的大门时如此高兴并满意地睡去。

　　听说一个国际委员会要来。我们要进行彻底的清扫和城镇的重组，

**锯掉床架的顶层（1944 年）**
"于是一个早上他们来了，锯掉所有床架的顶层，
住在这些铺位上的人别无选择，只有拿起行李搬走。"

即所谓的美化城镇。关于委员会的人要到哪里的计划已经定好，相关的工作也正在进行。在汉堡营房，所有窗户面对大街的房间里，第三层床架必须在 24 小时内消失。一批人已经转移走了，这是事实，但还是不够释放足够的空间。

于是一个早上他们来了，锯掉所有床架的顶层，住在这些铺位上的人别无选择，只有拿起行李搬走。他们也没有别的地方可去，但是两天后这件事解决了。一些人搬到另外的建筑里，还有人住在阁楼里或铺位之间。妈妈也是其中受影响的人，幸运的是，经过三天的彻底搜索，她在 211 房间找到了一个铺位。

過圣诞节了，我们一直盼望着它。刚开始，他们似乎没有来找麻烦。尽管我们有足够多的机会了解德国人，但我们还是如此天真。没有一个节日他们是让我们在安静中度过的，这个圣诞节也不例外。奥拉姑姑和许多女孩都走了，这将是个伤心的圣诞节。

地板刚刚擦洗过，铺位收拾整齐。在雪白桌布的中央，放着一个崭新的雕刻精美的木质多连灯烛台，还有一个巨大的蛋糕；33 个饭盒盖子上放上了一片片的面包。在房间的角落，有一个装满我们准备好的礼物的篮子。女孩们穿着熨烫整齐的白衬衫和蓝色裙子。一切准备就绪，光

**阁楼里的光明节（1944 年 1 月 16 日）**

"L410 空间狭小的阁楼里挤满了女孩子。烛台上的第一支蜡烛开始发出光芒，在它的照耀下，所有物体变成了拉长的可怕的影子。360 双眼睛闪烁起来。"

明节的庆祝仪式开始了。

L410 空间狭小的阁楼里挤满了女孩子。烛台上的第一支蜡烛开始发出光芒，在它的照耀下，所有物体变成了拉长的可怕的影子。360 双眼睛闪烁起来。我们的监狱长走到烛台前面，开始祷告："*Ma'oz tzur yeshu'ati*……"① 祷告声在阁楼里安静地回响……这时放风的人突然叫喊起来："一个德国人来了这栋楼！"边喊边从楼下往上跑。

蜡烛吹灭了，影子也消失了。有人下命令说："大家回房间！""小心，别让他们听到你了。"结果会怎样呢？如果他发现了我们在庆祝……或者如果他们进入到我们的房间看到桌子上的陈列！这将引起大混乱。

我们一回到房间，就有个德国人来到了三楼并闯进我们的 24 号房间，他正是营区司令本人，名叫伯格。他径直走向桌子，在凳子上坐下来，开始问我们问题，如我们怎么会有摆放精致的桌子，我们怎么有这

---

① 这是光明节传统歌曲的第一句，点上蜡烛后用希伯来语唱的。——译者注

么多的面包等等。至少我们有先见之明，及时把多连灯烛台藏起来了。我们没有泄露任何事情，他只能无功而返。

我们宽慰地叹了口气。楼下的人上来告诉我们他已经离开了楼房后，我们才开始吃晚餐并且拿出各自的礼物。这真是好极了，如果不是那个可恶的人破坏我们的计划，我们的庆祝会更完美。

黄疸病和斑疹伤寒已经过去，一种新病又出现了——脑炎。他们清出了整个索科尔大厅，这里之前是斑疹伤寒感染者的病房。像以往一样，L410号楼有最多的病人。我们已经被隔离了几天。我想他们应该在这里组建一个医务所，否则我们整个女孩之家的人迟早都要搬到索科尔大厅。他们又另外拿了17号房间当医务室，扩大空间。

疾病的发展并没有带来太多严重的病例，我们对此感到欣慰。我们对这个奇怪病种的症状了如指掌，好多天来都在相互诊断。今天，女孩们说我胃口不好而且有眼反射，还说我的舌头弯曲。此外，我闭上眼睛时手指摸不到自己的鼻子。

事实上，女孩们是对的。今天医生来探视并解释了得了脑炎你的舌头是什么样子。他让我伸出舌头，我的舌头就是那个样子。

经过进一步的检查，医生诊断我就是典型的脑炎病例。我不得不去瓦拉比营房接受检查。

※

在瓦拉比营房，他们证实了这一结论。我被送入了17号房间，这里凌乱和寒冷得令人难以置信。我已经把我的羽绒被和床垫准备好去消毒。明天我就要去索科尔大厅了，我很希望去洗个澡。女孩们写信说每个人都必须去洗澡。真是太好了：洗澡，这是三年来的第一次。

※

　　我躺在这里快一星期了。身体没什么不舒服，但是所有人都必须在此住满 14 天。我的床和卡塔的相邻。我们整天无所事事。我就画画和看书。卡塔和我一起阅读了亨利克·显克微支的《你往何处去》，这是一本超级有趣的书。基督徒们的迫害真是可怕，同样可怕的是这么多世纪以来类似的事情还在发生。我们还读了霍拉的诗歌；我如此喜欢他的诗，从里面摘抄了一些。

### 1944 年 1 月 15 日

　　我错过了一件大事：从汉堡营房的搬迁。根据信件和故事的描述，那一定是一个恐怖的场面：24 小时内要搬迁 4000 人和他们所有的行李。那个下午妈妈甚至没来我这里，她只是写信说幸亏我没在场。等到我回去的时候，一切应该已经恢复正常。幸运的是她在 Q610 号楼得到了一个不错的地方。

　　医生今天来了，帕卡和我可以出院了。明天早上他们会给我们开重新安置单，我们就可以走了。可怜的弗兰卡，她一直盼望我回去，可现在她自己却在医务室。

❦

　　帕卡和我 5 点半就起床了，这样我们就可以在女孩们起床之前到家。我们很惊讶：床铺装修过了，漆成了褐色；窗帘染成了绿色；主墙上盖了一块巨大的布，同样染成了绿色，上面是一幅巨大的布拉格油画。回去找妈妈的想法可真傻。如今，我不会拿任何东西来换我们的 24 号房间，除非是战争结束，但即使是那样我也会想它的。

　　弗兰卡在医务室已经住了三个星期，我们担心她的病可能会转成肺炎。谢天谢地，后来她终于好转，明天就要回来了。我为她准备好了一切，这样她就会喜欢这里。我们在她床上贴上深红色和黑色的纸，床朝外的那面包上了画纸，朝里的那面是三张来自布拉格的明信片。我感觉它就像一个小房间，三张明信片就像是小房间的窗户，我们可以看到城堡区和伏尔塔瓦河。要是现在是早上就好了，我就可以去接弗兰卡了。

❦

　　就是为了这个委员会的到来，汉堡营房转移了一批人而且还毁了三层的架子床，现在在他们终于走了，而且显然很满意。他们没有看得很仔细，毕竟在这里只待了半天。但这也许只是一个粗略的视察。从营区司令部传出美化城镇的消息，而且必须在两个月内完成。

　　这真是有趣，看起来他们要努力把泰雷津变成一个温泉疗养地，就好像是童话故事里的许愿桌子。晚上传来命令，到了早上我们都惊讶地揉着眼睛，好奇这里一夜之间发生的一切。

整整三年来，从来没有人想到街道除了以 L 和 Q 命名以外还有其他的命名方式。连每个小孩都知道马格德堡、加戈罗卡或其他任何一个营房的位置，就像每一个布拉格人都知道瓦茨拉夫广场在哪里。德国人突然有了一个想法，一夜之间要在每个街道拐角的建筑上挂上街道的名字，在道路的结合点要有箭头指示牌，上面标有"去公园方向""去澡堂方向"等等。营房的名字不再叫马格德堡，而是叫 B-5；我住的地方不再是 L410，而是豪普特街 10 号。所有的病人一夜之间从学校里大批地搬出来，直到今天它还是一直当医院使用；整座建筑刷过了涂料，被擦洗干净，上课用的桌子也搬进了学校，到了第二天早上一个巨大的标志远远就能看到："男孩和女孩的学校"。它看起来确实很漂亮，像一个真正的学校，就是没有学生和老师。但是，这一点很快用简单的方法修正了：一个小标记牌上面写着——"放假"。

精神饱满的雪草在小镇的广场上长出来了，中央有一大片玫瑰花做装饰。广场的小路上撒了一层黄色沙子，新油漆过的凳子排成两排。那些板子，我们想了好几天它们的作用，结果它们最后变成了一个音乐亭。我们甚至还有了一个带有可爱招牌的咖啡馆。所有的商店也有了新名字。这些房子也要重新粉刷，他们已经在兰格街开始了。

马格德堡后面的那栋房子以前是一间工厂，现在成了餐厅。几个女孩在这里工作，负责加热食物。她们要戴白帽子，穿上白围裙。我前面提到的索科尔大厅现在成了一个有雕花家具的餐馆，主厅里有舒适的椅子和带花的大花瓶。一楼有图书馆和阅览室，阳台里还有带遮阳伞的桌子。

粉刷房子的进度很快，有几个丹麦风格的旅社已经装了些设备。漆成黄色的床铺和架子，连同蓝色的窗帘，都被送进两栋楼房里。在婴儿之家前面的公园里，他们搭了一个豪华的凉亭，里面有婴儿床，还有淡蓝色的刺绣床罩。有一个房间里面有玩具，比如摇马什么的。公园里还有个水池，有旋转木马和跷跷板。我们无法解释他们为什么做这些，他们真的如此在乎这个委员会吗？也许我们还不知道现在的形势有多好。

～～～

妈妈没有在工厂里做事了，她在孩子之家找了份缝纫的工作。我又重新到菜园里劳动，但是我申请得晚了，所以他们把我分到了另一组跟其他的女孩在一起。

～～～

现在，我们不能庆祝母亲节，反而要打包。我们盼望母亲节这一天不知等了多久，也不知使了多少克己和自制才省出这几十克糖和黄油来做蛋糕。这一次我们谁又会在里面呢？

～～～

弗兰卡在清洗槽，还有其他几个女孩跟她一起。所有的孤儿也在里面。这些无辜的孩子曾经对他们做过什么呢？我帮助这些来自 L318 号楼的孩子完成了清洗程序。他们当中的一些甚至还不会说话。都是些两三岁的孩子，他们的号码固定在脖子上，号码后面还用铅笔加上"孤儿"两个字。

我不知道会先想起谁，帕卡、桃瑞思、汉卡、鲁扎、弗兰卡。这里死气沉沉，安静得令人感到心痛。没人在我身上跳来跳去了，没人欢笑，我隔壁的床铺上空空如也。老天，请让弗兰卡这次不要转移吧。

※

我不知道我是什么时候睡着的，肯定很晚。女孩们正在登上志愿队的晚上第二班车。当我们起床时，天还是黑的。他们把我们从清洗槽送回来；到昨天为止，他们不再增加志愿人数，而且要进去还要戴上肩章。我看见他们让戴了红色肩章的人进去了；我们把一些短裤剪碎，自己做肩章。

我们在清洗槽花了一个小时，然后他们把我们赶走，免得碍手碍脚。德国人现在正在气头上，他们不止一次把人胡乱塞进火车。整个下午我站在弗兰卡的窗子下面，眼睛一直盯着系在一根绳子上的小纸片，那是她们还在那里没有走的标记。6点半，火车头发出了鸣笛声，火车经过加戈罗卡营房渐渐远去了。那张纸片仍然挂在绳子上。弗兰卡被召回了。

我们从菜园去特拉维斯去帮助处理干草。一路上我们经过了小城堡，并且遇到了好几队犯人。汉卡的爸爸和莱拉的爸爸在里面吗？她们

知道爸爸们的事吗？这些人又是谁的爸爸、丈夫、儿子呢？我们不准跟他们交谈。

我们多想哪怕就跟他们打个招呼啊，让他们下垂的脑袋抬高点，给他们勇气迎接未来的日子——也许是最后的日子！我们不能停下来，也不能做出任何肢体动作；他们可能也不准朝我们这边张望。党卫军手里拿着枪包围着他们，叫骂着，鞭打着，还朝他们扔石头。我们迅速跟他们交换了眼神：我们是属于你们的，朋友，鼓起勇气，再坚持一段时间。我们也是囚犯，我们也渴望回家。

我们有太多的话想告诉他们，但是我们不能……然而，这个想法已经闪过我们的脑海，于是我们开始唱歌。唱的是沃斯科维茨和韦里希的歌，德国人怎么听得懂呢？"只要我们的头颅还在，我就要用它来歌唱……"他们的行进速度加快了，会心的笑容在脸上舒展。同志们，抬起头。"锁链禁锢不住自由。铁链终会腐朽，废铁再也不能把我们扣留。"

※

璐卡的父母在监狱里两年了。她最后一次见到妈妈是去年和其他的犯人经过小城堡去田地里时，看见妈妈在捡栗子。她一直没有爸爸的消息，直到三个星期前看见他跟一队犯人从小城堡里出来。每天早上她都5点半起床，在路边的篱笆旁等着犯人，那是他们去劳动的必经之路。早上6点钟去，下午5点钟回。整整两个星期以来她什么也没看到，反而让党卫军对她大声吼叫。她爸爸再也没有跟犯人一起了。也许他被转移到其他地方，或者被带到布拉格进一步审问；也许他病了——或许他死了。没有人敢发声谈论这事。我们安慰璐卡，她现在又开始5点钟起床，不想错过任何一队犯人。

24 号是女修道院？他们不会这样说我们。老姑娘？没人再跟我们开这种玩笑了。24 号正在组织一个舞会。

请柬已经准备好了，地下室也预订好了，风琴手也答应了会来。我们还要在地下室靠里的房间准备自助餐，有单片三明治和柠檬汁。我们一切安排妥当，还为风琴手预留了黄油（他弹奏整晚要给他一斤黄油）。我们懂一点怎么跳舞，莎拉和托尼卡是很有耐心的老师。我们剩下要做的就是发请柬了。

※

舞会到最后证明是成功的，比我们的预期好得多。我们原本还担心男孩们不会来，担心我们不怎么会跳舞，到时候会很尴尬。但是最后所有受到邀请的人都来了，而且气氛超级好。有些男孩有时候可能会踩到别人的脚，但总体来说我们都坚持下来了。几乎整个晚上我都和同一个男孩跳舞。他没有邀请任何其他女孩，只有我。女孩们在预测我们的关系，但是我对他没抱丝毫幻想。不管怎样，他没约我。

※

"24 号的女孩们腐化堕落。"其他房间的女孩对我们议论纷纷。上帝啊，女孩与男孩见面有什么问题吗？她们其余的人都在家里闲坐吗？她们想让我们永远待在修道院里吗？

我们又要上一节舞蹈课。他又来了，并且只跟我一个人跳舞。他叫奥塔，有着卷曲、浅棕色的头发，25 岁。女孩们为了这件事老来打趣我。我跟她们开着玩笑，但是我不知道能这样装多久。我确实开始喜欢他了。

妈妈今天去照了 X 光。她连续几个月高烧不下，而他们还不认为她生病了。她长期患有肺炎，应该休息。我希望他们不要在她的肺部照出什么东西。爸爸想让她进医院。

今天下午在塔楼上有个庆典，我很期待，奥塔可能也会来。自从上次的第二次舞蹈课以来，我们有两周没见了，而他还是没有约我。每次他碰到我都会停留一会儿，但仅此而已。我希望今天下午他会来。如果今天还是什么也没发生，那可能注定我们是没缘的。

※

他来了。他送我回家并提出今天晚上约我。他是一个不错的男孩，我们谈得很投机。他不像其他女孩约会的那些不理智的男孩，毕竟他25 岁了。对我来说他年纪偏大，但是这没关系，因为我们彼此非常理解。女孩们都支持我；我的伪装不起作用，她们知道我喜欢他。弗兰卡有点嫉妒我，但是我原谅了她的那些傻话。我不是上个月还在坚持说我要买一只金丝雀和一只猫并永远做一个老姑娘吗？我期待明天，6 点半，在 L410 的拐角处。

※

　　在我们的窗户下面，一支乐队正在大声演奏；擦洗干净的人行道跟新粉刷的房子交相辉映；刚熨过的窗帘在窗子里闪闪发光。咖啡馆人满为患，路边长凳上坐满了人，而且婴儿之家前面的广场也第一次拿来使用了。马格德堡后面有辆车在等着，不是灵车，而是一辆漂亮干净、装满面包的车，上面坐着穿着白围裙、戴着帽子和手套的面包师们。还有一群从农业部选来的女孩子，看起来漂亮又健康，她们带来一大篮新鲜的水果，一直唱着歌。孩子们在进行最后一次排练，他们欢快地对"拉姆叔叔"打招呼，并把鼻子伸向给他们的零食——"又是沙丁鱼？"今天晚餐我们有两个面包卷和馅饼，明天中午有肉。菜单早已提前一星期就写出来了，当然上星期的也是。一切都准备好了；营区的看守们四处

**国际红十字委员会的到来（1944 年）**
为了要造成犹太人在泰雷津被照顾得很好的印象，
每件东西都彻底清洗干净、擦亮，安排得像布置道具。
委员会的人被欺骗了，相信一切都处于最好的状态

疾跑宣传，确保每人能及时了解。我们只是在等待国际委员会的第一辆
车子出现在博胡绍维采盆地的路上，这样我们就有戏看了。

我被转移到了克里特。我早就想来这里，但是现在我并没有那么高
兴。我不知道要怎样来应付所有的事情。妈妈昨天住进了医院。在克里
特，我们从早上 6 点工作到下午 6 点半，中间有一小时休息，比我原来
做的要多两小时。中午我们要上课，晚上 8 点至 9 点上数学。至少住在
Q610 号楼妈妈房间的人很好，她们会帮我煮点东西。当爸爸要上晚班
的时候，我就能带给他和奶奶。另一方面，在克里特我经常能"弄"点
东西，除此之外，每隔一天会有一份补充，每星期还有 3/4 条面包和两
个馅饼。妈妈现在不能再做缝纫工作了，我必须自己想办法弄到东西。
今天我们还得到一个包裹，我希望一切顺利。

如果海纳尔没有一直那样就好了。就是他的原因才使得没人愿意参
加农业部。他像个疯子一样监视我们，每天都要抓人。大家都知道他的
摩托车，只要一听到它的声音就很警惕。于是他用上了一种无声潜伏的
新方法。如今他骑着一辆自行车，在对面的土墙上用望远镜监视我们。
现在我终于来到克里特，也可能根本拿不到任何东西。但是无论如何，
我必须给妈妈带点蔬菜。

※

要"弄"点东西还是有可能的，只是我们被监视得太严了。今天
海纳尔打了一个男孩，就因为在温室里发现了一块扔掉的黄瓜皮。我们

几乎每个人身上都会带点东西，但是很明显他喜欢软硬兼施的惩罚手段：晚上我们还要弄平篱笆边的土地。我们要很小心地把东西带回去，不过，在外面我们可以让自己吃得撑到爆。眼下我们主要有黄瓜。我用黄瓜配面包吃，配盐吃，甚至配糖——我完全吃腻了。胡萝卜的情况要糟糕得多：萝卜地就在路边，海纳尔随时会出现。但是我越来越有经验了。我得了一条新的园艺工作裙，有很多褶边。那些宪兵总的来说还是善良的，除了海纳尔，到处是他的眼线。

今天距离塔楼上的庆典整整五个星期——我们约会也已经五个星期。人们会说这是一段很短的时间，但是谁能真正用这里的时间跟外界的时间相比？我们的生活与外界人的生活一样吗？我们与外界仅隔几堵土墙，但是难道没有别的东西把我们与外界联系的纽带割断吗？当泰雷津的大门有一天打开，带刺的铁丝网被撕破，塔楼的土墙被夷平，我们还能走进外界人的生活吗？

整整五个周日，在这五个星期里我们变得多么亲近。在这里使我们相互维系的东西也正好加深了我们对那些人的憎恨，是他们将这些东西粗暴地撕碎了。

这不仅是五个星期，更是五个长长的七天，我们每时每刻都经历着精神的高度紧张。饥饿、污秽、疾病、传染以及不断被迫放逐所带来的极度恐惧。所有这些何时是个尽头？现在政治形势怎样？我们是否能够相信哪怕是一点点这里的消息？这里的消息多半是捏造的、扭曲的和添油加醋的，而且都是光打雷不下雨的愚蠢安慰和谣言。

我不可能跟妈妈讲这些事情，她一直在埋头工作并尽力收集足够的食物。爸爸在办公室工作了一天已经筋疲力尽，如果没有晚班，他会很高兴能在下班后放松一会儿。我跟其他女孩子也不谈这些，除了会跟弗兰卡说一点。但是现在我有奥塔，跟他可以进行长久的、睿智的讨论。

奥塔来泰雷津之前在利帕① 待过两年。他跟我讲了那里可怕的故事。那只是一个劳动营，但是待遇跟集中营一样。他在这里就一个人。他12岁就没有了妈妈，20岁没有了爸爸。他们兄弟姐妹共四人，两个在波兰，只有一个姐姐现在还在家，她跟一个雅利安人结了婚。被从学校驱逐出来前他学的是化学，还有两个学期就要毕业。即使在这里，他也经常带着他的课本。他在洗衣房当烧火工，上班时间不固定。他更愿意上晚班，因为在洗衣房隔壁有一个果园，他可以从里面"弄"点苹果。每天晚上我会得到一个，并且他总是给我带其他食物还要硬塞给我。我真的不想从他那里拿东西；他除了有一点面包、黄油和糖就没有别的什么东西了，这些还是他靠做零工换来的。他的境况看起来很糟糕，但他只要有一点就要跟我分享。多好的人啊！

今天我待在家里，因为昨天我发烧了。我没什么问题，但是医生给我写了一张病假单。整个月我每天要去报到上课，但这次我可以逃学了。希望那些值日的女孩早已准备好晚餐。7点以前我还要匆忙赶往妈妈那里，然后跟奥塔共处一小会儿，到8点要上数学。

**深夜，1:45**

啊，这些令人厌恶的床虱！我无法入睡。房间里就剩我们六个人，

---

① 位于波西米亚西部的一个小镇。——译者注

剩下的人搬到院子里和走廊里了。我们点上灯，但根本没用。这就是人们为什么说"像床虱一样烦人"。它们在墙上爬来爬去，穿过羽绒被，爬到你的身上，从床顶直掉下来落到脸上。今天以前它们好像没怎么打扰我，但是今天它们好像终于品尝到我血液的味道了。我甚至不再费劲消灭它们；我牺牲了整整一沓纸来对付它们，因为我还是做不到徒手把它们打扁。我们进行了比赛，看谁抓到的多。我输了——目前我只抓到30只，汉卡最多：自己的地盘66只，公共场所33只，比如地板上的、墙上的、桌子上的和凳子上的。离消毒的日子还有三天，如果我不尽快在外面占到一块地方（即使是厕所隔壁，只要不是在这里），这三个夜晚我将无法合眼。

※

消毒期间女孩们在汉堡过夜，我住在妈妈的空铺位上。我又发烧了，但是今天下午我还要去劳动。我听说我们要去装胡萝卜，我不能让这样的好机会溜走。

※

妈妈出院了，她肺部的阴影只剩很小的一块。当然，她还得保存力气。昨天我们得到一个包裹，所以至少我能帮忙做点什么好让她康复。

※

又回到了L410号楼，但是不在24号房间。尽管我们极力反对和再三要求，他们仍然让我们搬进了27号。我们对这个地方最初的偏见逐渐变小了，因为它看起来好像比我们原来的地方还要好——但是当然，我们永远还是 24 号。

我们共有 21 个人住在一起，没有一个空位。我又在窗子边上得到了一个独立的铺位；弗兰卡在我隔壁，我下面是璐卡，汉卡在上面。男孩们做了几个架子给我们，我们可以放鞋子、盘子和食物。行李箱都放在阁楼里，衣服放在走廊的衣橱里。床铺下面什么也不准放——不准有垃圾，一切东西都各就其位。我们委托奥塔帮我们染窗帘和桌布。

这里一切都会好的，但愿我们把一切打扫干净。现在不能再写了——嗨，我还要去粉刷床架呢……

**1944 年 9 月 17 日**

窗帘熨好了，床铺都是统一的，一切都很干净，这里从来没有这么干净过，整栋楼也明亮一新。女孩们赶紧穿好衣服（今天大家都是白衬衫和蓝裙子）并准备晚餐。我们自己小声哼唱着——真的，你甚至不敢大声说话，但今天真是开心又有节日气氛。现在是犹太人的新年之夜。

※

我们进行了一场美丽之家的比赛，看谁的地方最干净，装饰得最好。我们赢了，我认为我们得第一当之无愧。27 号不愧是典型示范，不仅在外表，还有我们的行为举止。

我们正在计划一个舞会，每个房间要献出一个歌舞节目。我们已经有了一个节目，每天都在勤奋地排练。

※

今天下午我们去为芹菜锄草了，我带回来三捆。菠菜一直长得很慢，生菜的菜心快长出来了……

❦

那是一周前、昨天和今天下午。一小时之前，奥塔和我去了外面，我们不知道……

没有吗？噢，姑娘们，我就在这里跟你们坐在一起——不，我不会告诉你们任何事情的。你们排练你们的台词，欢笑，游戏，开心——

干农活（1943 年 3 月 13 日）

帮德国人种蔬菜是有好处的。你可以在营区外面空气新鲜的地方劳动，尽管有禁令，但是你还是可以偷偷地带点食物或者至少偷偷摸摸地吃点什么

至少在今天。一旦我告诉你们，也许你们就再也笑不出来了。唱歌，嬉
戏——我多么想加入你们啊，但是现在我知道了，我不能加入你们了。

一小时前我们从马格德堡开心地散步回来。在楼前我们看见一堆人
站在那儿。"5000 个男人。"

我在办公室没找到爸爸。当然，我不需要他来证实这事，马格德堡
走廊里的动静说明了一切。隆隆的脚步声、衣服的摩挲声、营区看守们
的叫喊声、摔门的哐当声，还有歇斯底里的哭叫声一直没停，而这些都
意味着同一件事情。

5000 人，都是男人。据称是去劳动的，要去建一个新的营区，在
克尼格斯泰因附近的一个地方。明天要走 2500 人，后天再走 2500 人。
因德拉叔叔在第一批，爸爸和奥塔在第二批。

※

清洗在汉堡进行。因德拉叔叔今天早上上车了。我要帮奥塔打包。
爸爸已经准备好了。爸爸很可能可以不走的，他可以让自己被召回。他
可以出来的，但那就不是他了。"我去为自己请求？5000 人都走了，为
什么我不走？我不走就会有别人代替我走。"

1944 年 9 月 28 日

赎罪日 ①。我在禁食，最好不要有人告诉我这毫无意义。不要今年，

---

① 犹太人的赎罪日，一天禁食、祈祷。——译者注

也不是现在。

第一批人还在接受清洗。第二批也不必上车。火车车厢还没到。我在斋戒——也许这很傻——我相信会出现奇迹。

车厢来了，第一批 2500 人走了，但是第二批被驱逐的人还没上车。听说没有火车，因为铁轨断了。也许他们不会走了。乐观主义者正在打开他们的包裹。

※

**晚上 9:00**

一阵寒风吹过窗户来到房间。外面很安静，只偶尔听到手推车嘎嘎作响的声音，一个被召回的人从清洗槽回来了。

今天轮到 27 号房。乱糟糟的床，被掀翻的储物架，被撕烂的和穿烂的袜子，男人的衬衫和手帕还挂着在炉子上烘烤，下面洗衣盆里还有没倒的水。行李箱在床下，帆布背包在地上，还有一小罐黄油、一片面包。

我们每人都有家人在里面——父亲，兄弟，有些这两者都有。我们以前是 24 号房间，仅仅三天前我们还在排练戏剧，女孩们还在发出由衷的笑声。

我们围坐在桌边；米兰——米卢萨卡的男朋友，还有奥塔也在这里。我们在唱歌——民歌，泰雷津的戏仿。男孩们也大声地唱，掩盖了我们的声音，非常搞笑。姑娘们都在笑，我也跟她们一起笑。然后突然安静下来，男孩们想用幽默来挽回刚才的氛围。看在上帝的分上，现在请安静吧，别伪装了，你们在欺骗我们，也是在欺骗自己。别笑，这只会把事情变得更糟。这就是你们所说的好心情吗？大难当头的幽默，仅此而已；别假扮英雄。也许我是懦夫，但是我的眼泪比你们的笑声更真诚。就让我哭吧……

※

男孩们走了。我们躺在床上，大家都醒着。灯依然亮着，它可以让夜晚过得更快。

※

黑暗被早晨第一缕阳光打破。室外依然平静。我们在等待。火车厢的轮子随时可能发出隆隆声——到那时所有希望都破灭，这意味着终结。

### 1944 年 9 月 29 日

火车厢已经到了，第二批转移的人开始清洗了。妈妈很快准备好了晚餐，所以爸爸可以最后一次吃一顿像样的饭。奥塔也在这里，转移的一整个星期他都在这里跟我们一起吃晚餐。我把自己塞得饱饱的，却不知道在吃什么。这有关系吗？我大口地吞咽；我根本不饿，每咽下一匙就会咽下一滴眼泪。吃下去的东西不多，眼泪却很多。

爸爸和奥塔在像俄国人那样卷烟，用泪水和笑声把它们填满。又来了，大难当头的幽默！

6 点差 1 刻，我们得走了。

手卷香烟在凳子的一边放着，笑声也随它们而去。我们三人过去常常坐在这儿，每个晚上——并没有很久，只在今年的三个季节。我们在这里度过的是在泰雷津最美好的时光，最开心的日子。

但愿战争已经结束……那将太美好了。

今天我们最后一次在这里坐着。从明天起，就只剩我和妈妈了。你呢，爸爸？他扔掉了还在冒烟的香烟，把我揽进怀里，妈妈在另一边。我们忍不住地流泪；这个星期我们储存了太多泪水，现在再也忍不住了。我的头靠在爸爸胸前，我能清晰地听到他的心跳。一切停止，悲痛着，就像今晚的心情。哦，爸爸，要是你的手强壮到没人能把我们分开那该多好啊。我听到你的心跳，我感觉到它在颤抖，但是它的节奏刚毅而坚决，决定要直面等待它的战争，准备迎接它将要受到的伤害，准备在最脆弱的地方承受别离的伤痛并流血不止。它仍然跳动着，它将一直跳动到永远！我们的心会永远跟随他，与他一起战斗和忍受痛苦，充满希望与信念。就像我们所做的那样，他的心也会为我们而跳动……

※

汉堡，第三个院子，夜里 1 点半，我们正在上车。我们穿着白裙子，戴着志愿队袖章；我们只能陪他们到大门口。奥塔肯定已经上了火车。真遗憾，我甚至都没能够帮他打包行李，或者我不应该从第二个院子回来的。

"我们相识时间并不长，但是……那是一段美好的时光。我会愉快地记住它们，你也不要忘记。你知道战争后来找我的地址。也许我们还会见面。"他给了我一张他的照片以便我能记住他。在照片的背面他写了一段诗，摘自于涅兹瓦尔①的《曼侬·莱斯科》②："当钥匙敲响黑暗

---

① 维捷斯拉夫·涅兹瓦尔（Vitězslav Nezval，1900—1958），捷克先锋派作家。——译者注

② 这是根据普切尼的同名小说创造的一首诗歌。——译者注

的神学院大门，别丢下我，过来轻抚我的脸。"一个亲吻，一次紧紧的握手，然后他帮我爬过篱笆墙。现在他在火车上，几小时后，他就要离开……

我们很快来到大门；还有 40 人……现在剩下 30 人。爸爸从我们手上拿过行李，又一次在这里……还有 20 人在我们前面。怎么回事？他们在关大门……"大家都回到营房里！"不用上车了，他们没有足够的火车车厢。这可能吗？他们真的要留下？也许奇迹出现了……

500 名妇女自愿加入 1000 名已经离开的男人中。妈妈也想加入跟爸爸一起走，爸爸不让，他说他知道自己在做什么。但是我们想走，妈妈和我。毕竟，如果他走了，我们有责任跟他一起走。不，那正是他的责任——要看到我们留在这里。

所有的男人都那样说。我们要跟他们同去的意图还不明显吗？如果易地而处，他们会让我们独往吗？他们不会的；他们曾经答应，我们不会加入任何转移队伍。

<br>

❦

<br>

**1944 年 10 月 1 日**

我仍然能看见他站在台阶上，挥手，微笑……哦，老天，那是一种怎样的笑容？我从没见过他那样的表情。他也许想笑，但是呈现出来的完全是一个失败的痛苦表情。他的嘴角奇怪地抽搐着。"爸爸！"

他走了，消失在人群中。妈妈和我还在徒劳地往窗外看，但再也看不见他了。他展开的嘴唇在强颜欢笑。爸爸，为什么你不让我们跟你去呢？你根本不相信你是去建造新营区！你的眼里满是奇怪的光芒，当你最后一次揽我入怀时你的手在颤抖。这意味着什么？再见，或者永别？
爸爸，你相信我们还会见面吗？

**一批转移的人在离开（1943 年 4 月 4 日）**
营区看守形成了一条人链来分开这些离开的人，并阻止其他的人接触他们

## 1944 年 10 月 3 日

　　今天下午他们下达了另外一批人转移的传令，是那些已经转移了的
人的 1500 名家人。当然，他们曾经承诺他们的家人可以不转移，所以，
这又是一个大谎言。我们本可以昨天直接离开，这样至少我们还能在一
起。谁知道他们会不会把我们送到同一个地方。如果听我们的，我们早
就走了，但是爸爸不愿意。现在我们将天各一方。我们几乎很确定是要
走了，如果不是今天，那就是明天或者后天，没有延缓的时间。我要去

看看妈妈，也许她已经知道了些什么。我希望我们没有申请自愿转移是正确的——这是命运，毫无办法。假如有一天事情变得更糟，也许我们就不这么想了。

※

在泰雷津的日记就要结束了，我人生的一个阶段就此结束，留下的只有记忆。

我打开了一本新的笔记本，明天我将开始填满里面的空白。到了下一个地方我到最后还能看到它吗？

# 3. 奥斯维辛，弗莱贝格，毛特豪森，家

**1944 年 10 月 4 日**

我们本来可以不用转移的，但是我们不想那样。既然我们在名单上，那就走吧。既成事实，最好不要去改变。我们被允许带上所有的行李，这是一个好兆头。也许他们是对的，我们是追随那些男人而去的。我很期待，也许今天我就能看到爸爸了。

现在是 12 点，火车已经离开车站。我们幸运地上了车，在最后一节车厢。我们很早就到了院子里，看来这也是一件好事。大门口就像一场混战，我感觉我的背都要断了。从早晨 4 点钟就开始背着袋子在拥挤的人群中赶路对我来说实在不容易。以前在转移时从来没发生这样的事情：人们拼尽全力挤上车。今天的转移跟以往的不一样，我们是去跟随我们的男人，我要跟随爸爸和奥塔。

我在想转移管理部会来帮我们拿行李吗，就像我们刚到泰雷津时那样？也许爸爸和奥塔会在车站，他们看见我们肯定会惊讶不已。我们应该很快就到了——克尼格斯泰因，他们说，应该离得很近啦。我们已经在车上走了六个小时了。

※

上帝啊，我们还没有到吗？我们已经走了一个晚上了。这不可能，

克尼格斯泰因没有那么远。发生什么了——火车停了一会儿。不，现在
火车一路疾驰——那是一阵鸣笛声，肯定某个地方有空袭。如果打到这
儿怎么办？我们现在在德国境内，这里到处是空袭。为什么火车跑得快
得令人害怕？

※

外面的天色渐渐亮了。我们到哪里了？我们刚刚过了一个车站，卡
托维兹。老天，这是波兰边境。他们要把我们带去哪里？前线现在在波
兰。是要去比克瑙吗？但我们听说那是乱说的，火车不会去那里了。那
么，我们要去哪里呢？我们的亲人在那里吗？如果在，我们不介意去任
何地方，只要我们能在一起。

※

我们已经在路上 24 个小时了。我们在什么地方，只有上帝知道。
我们大家开始变得紧张。人们有各种说法；听他们说前线应该早就过
了，结果我们穿过波兰行驶了半天却什么也没看见。现在火车慢下来
了，我们终于到了？我不敢相信——我倒是觉得这个旅行永无尽头。我
们接近了，绝对的，你可以看见远处的建筑，而且非常多——这是一个
大型营区。我能看见这里的人们，但是他们身上穿的是什么啊？看上去
像睡衣，而且都是统一的。

天啊，这是囚服！他们把我们带到什么地方了？！这是一个集中
营！那边有一些人在劳动，他们在垒木板。为什么那个人那么凶狠地抽
打他们？那一定痛得要命，他用木棍对付他们。他怎么会如此残忍？他
甚至不是德国人——他穿着条纹制服，但是他手臂上戴了个袖章。

我肯定弄错了，我们不可能在这里停下的。他们为什么带我们到

集中营呢？这不是因为我们做了什么。他们对人的行为令人害怕。我不忍心看下去了，我想吐。他又拼命打另外一个人，一个老人。真是个臭鬼，他才二十几岁。真丢人，那个老人都能当他的父亲了，竟还那样对他。他又开始踢，直到老人脚步踉跄。

　　这就是集中营的状况，是我之前无法想象的。人们像这样已经过了几年了，而我们还抱怨泰雷津。与这里相比那里真是天堂。

　　什么？火车停了。一群穿条纹制服的人朝我们跑过来。当中有没有来自泰雷津的？也许他们来帮我们拿行李了，也许爸爸也在里面。哦不，他们很可能是过来看看这是什么样的火车。我们不是在这里下车，对不对？或者——我为什么早没想到呢？——这里是奥斯维辛，不错。比克瑙就在附近，也许火车不会开到那里，所以我们要走一段路。不错，就是这样的。这是奥斯维辛，是集中营；我们是要去比克瑙，那是劳动营。

※

　　我们隔壁的车厢已经有人在下车了。那边为什么那么吵闹？他们在用力敲打我们的车门。我想大概轮到我们了。为什么外面有这么多党卫军？他们都是来看守我们的吗？我们能往哪里跑呢？跑是没有用的。已经到了这里，就没有指望了。

　　"每个人都出去！行李放在原地！大家都出去，快点！！！"所有东西都留在这里，手袋也留下？他们为什么那么大声地叫喊，那恶意的笑声意味着什么？他们抓过每一个人的手腕，是在寻找什么吗？手表？要是他们不那么大声地朝我们叫喊就好了。这些怪笑和议论又意味着什么呢？他们把我们当集中营里的人一样对待。一个女人被扇了个耳光，就因为她想带上一条面包。这是比克瑙吗？

　　我的喉咙为什么这么刺痛？我不想让他们知道我的感受。

愚蠢的眼睛——它们怎么这么刺痛？我不能哭！什么时候都可以，但不是现在！！"所有东西留下别动！"——"快点，出去！！！"

※

他们把我们分成两组。一组是年老的妇女和带着小孩的妈妈往左走，另一组往右走。"生病的人什么也别说。"大家用压低的嗓音传递着这个信息。"你们都是健康的。"我身后的一个穿囚服的人用捷克语小声地说。看来他是捷克人。前面的队伍在移动，很快就轮到我们了。只要他们让我跟妈妈在一起就行。如果我说我们是一起的，他们肯定不会把我们分开。或者如果我不说我们是一起的会不会更好？可能，说不定正因为他们知道这对我们多么重要，才故意不让我们待在一起。

他们甚至把妈妈和孩子分开。我认识那边那个女孩，她往右边走，而她妈妈往左边走；只是她妈妈很老了，一头白发。我妈妈看起来还年轻。但是……也许我看起来还像个孩子？也许他们会问我多大了。我该说实话吗？15岁，不，这太小了，他们会把我送往左边，与妈妈分开。我最好说大点，也许18。我看起来像吗？当然，也许他们会相信的。

队伍变得越来越短了，我们前面的五个人已经走了。老天，我向你祈祷，让我和妈妈在一起吧，不要让他们把我们分开。

又有两个人走了，现在轮到我们了。上帝啊，如果他问我哪年出生的怎么办？快点：1929年出生我现在15岁，所以如果我18岁……1929年，1928年，1927年，那就是1926年。妈妈站在党卫军的前面，他送她到右边。天，让我们在一起吧！"右边！"党卫军向我咆哮并用手指着要去的方向。太好了，我们在同一边。感谢上帝让我们在一起了。

他们让我们做的第一件事是洗澡，同时拿走了我们剩下的所有东西，甚至我们的头发也一根不剩。我差不多已经习惯了光头，但第一印象真的很吓人。我甚至没有认出我自己的妈妈，直到听到她的声音。但是那又怎样呢？头发还会长出来，这不算是悲剧，只要我们能活下来。可我对此并不抱太大希望。我们一到这里，他们就让我们听一段长长的演讲，除了第一句外我什么也没记住，但这就够了：“你们现在到了灭绝营！”就这样他们驱赶我们至此，进入这栋楼，来到铺位上，不准我们随意活动。

匈牙利犹太人在奥斯维辛的挑选台，1944 年 5 月或 6 月
那些适合去劳动的人送往右边，送往左边的人立刻被放毒气

我饿极了；我们从早上开始就没吃过东西，现在已经晚上 7 点钟了，但是看起来我们好像不会有任何晚餐。谁知道呢，也许他们压根就不给我们食物，想让我们饿死。要是我们在车上吃了那块饼就好了，可我们本想留给爸爸，这样见到他时就有东西给他。

天啊，我们真是白痴，我们是怎么想的啊？"你们要跟着你们的男人到一个新的营区。"我们相信了他们，有些人还自告奋勇要来。这就是为什么他们让我们带上所有行李，今天他们可以把这一大堆东西存进仓库了。

去睡觉时感觉好了点，毕竟还可以用睡眠打发饥饿。也许他们今天就放过我们了。当然，要把十个人安进四个人的位置是个问题，但是我们会有办法的。如果我们都侧身朝一个方向躺着，就可能行。我们有三件遮盖物（这个词用得不恰当，但是我找不出另一个词形容这肮脏的破布，也许它们以前就是用来遮挡东西的）可以共用，我们把衣服当枕头——这样，就可以了。肯定不会舒服，但是在经历了这最后 24 个小时的痛苦之后，我精疲力竭，即使在光秃秃的板子上也能睡得很好。

在家里的那些姑娘们在干什么呢？弗兰卡、莎莉和其他人，她们还会记得我吗？我可爱的小床怎样了？我将熬不到战争结束来了解她们的情况了。

※

他们不会让我们饿死。我不是说我们有很多好吃的食物，想都别想，但这没关系，重要的是有东西可吃。

早上很早就有人来把我们叫醒，之后每个铺位会给一个陶盆，里面装了些烂菜叶。他们说我们刚来，所以剩给我们的不多。我十分难过。如果这就是我们以后的粮食，那么我们的末日不远了。尽管那东西完全不能吃——冰冷、浓稠、苦涩——我们还是强迫自己吃下去。部分原因是要点东西填肚子，不管是什么，而另一部分原因是我们害怕不吃完会受惩罚。

　　早餐后要点名，在点名的地方让我们站了一个小时，也许两个小时，我不确定，因为我没戴表——不管怎样，时间都长得仿佛无止境。我不知道为何要这样，但很明显这是我们日常程序的一个部分。只有当他们看到我们极度劳累且全身冻得麻木，才会让我们回到屋里。现在还只是 10 月，但是在清晨 4 点钟（大约就是这个时候，因为外面天还是漆黑的）站在屋外依然冰冷刺骨。更糟的是，我们衣不蔽体，他们给我们穿的东西根本不能称之为衣服。我们的赤脚上套着荷兰人的木鞋（有时只穿一只，如果你不能及时灵巧又有力气地从床上爬下来，就没有足够的鞋子了）。最难以忍受的地方就是我们的光头，那是感觉最冷的地方。

　　除了这些，波兰的天气也是特别奇怪。白天，太阳照在身上热得人发晕，但清晨比家乡的 12 月份还冷。每当想起原来在冬天我不想戴上帽子和穿上袜子时妈妈生气的样子，我就想笑。如果我还能回去，我将永远不会在头上戴任何东西，除非我死了。

　　我们刚爬（按照词语的真实意义描述，因为这里根本没有像在泰雷津那样的梯子）到铺位上，用破布盖上我们麻木的腿和手，就很快又要起床。我们要去公共厕所和洗漱间。这里的快节奏使得你根本无法使用这两个房间的任何一间，往往在里面还没走上两步，看守们就开始用棍棒或类似的东西把我们驱赶出来。

　　我们行进的速度快得连木鞋都要掉在泥地里，那么就让它掉在那里吧，我们就赤脚回到屋里。之后，他们很快送来了汤——没什么味道，里面漂着任何可能的（还有不可能的）东西。腐烂的大头菜、玉米棒子，还有点冻的西葫芦、菜梗和甜菜根，使得整碗汤看起来红红的。五至十个人只用一个陶盆吃饭，这对胃口没有任何帮助，况且我们甚至连调羹也没有。很多人嗤之以鼻或者根本不吃，但是我不这样。你必须吃，吃什么和怎样吃并不重要。就像有句谚语说的，"一头好猪什么都吃"，我尽量把自己撑得饱饱的。我用上我的牙齿和手，就像其他识时务的人一样。

到了晚上又要点名，同时发了很少量的面包——每人只有一条黑麦面包的1/4和一小匙果酱。我们没有小刀，只能把面包掰成小块，用面包皮蘸果酱。妈妈和我留了一份准备第二天早上吃，另一份就当晚餐。有一个看守给了我一块手绢——我很惊讶，因为他们都是蠢猪。她看到妈妈用光手盖住我的头，这情景准是唤醒了她内心的一点人性；其他的人却是铁石心肠，无动于衷。

※

我很生自己的气，因为我就像一个无知的小孩似的等人照顾，还整天哭泣。但我就是忍不住，这里的一切都太恐怖了。睡觉时间又快到了，我还什么也没做。我一整晚躺着不动，保持一个姿势。昨晚我一觉睡到天亮，但是今天我全身淤青，骨头好像都要断裂，好悲惨。在硬板子上睡觉根本别想睡好。哦，老天，你为什么要这样惩罚我们？"安静，大家都睡觉，快点！"典狱长在房子中间巡视着，看守们在四处奔跑呼喊，像一群疯婆子。"睡觉，快点！"灯熄灭了。

※

今天早上跟昨天一样，只是上完厕所后，他们不让我们回原来住的9区，而是送我们到比原来还远两个区的地方。午饭后，他们又把我们搬到了另一个地方，在那里我们度过了几段难熬的时刻。已经是宵禁的时候，外面漆黑一片，突然……响起了枪声，接着是喊叫声和奔跑的脚步声，然后又是一声枪响……一声哀号，惊恐的声音……通向我们营房的门微微打开，几个似乎是孩子的身影从门缝里闪进来，他们的眼睛因恐惧而瞪得很大。他们分散开来，爬进了其他人的铺位。妈妈和我坐在床架的第三层，他们当中有三个爬进了我们这个铺位的底层。

我们呆呆地看着，一动不动，过了一会儿，才从别人惊恐的窃窃私语中了解到发生了什么。他们正在从我们这个营区转移孩子到另外一边。另外一边！关于这个人们谈论了很多；只要我们做错任何一点什么，看守们就会用它来吓唬我们。但是就目前来说，我还不知道"另外一边"到底是怎样的。这个神秘的词——"另外一边"——使我们每个人都不寒而栗，我知道它意味着毒气……

现在又传来叽叽喳喳的说话声，男人生气的叫声、哭声，更多的枪声和巨大的哭号声。沉重的平头靴子在屋前发出砰砰的声音。他们来了！他们看见了孩子们往这边跑过来！我们就坐在入口处的第一个铺位上，而孩子们就在我们下面。他们会发现的。他们会开枪。他们会打死我们所有人。完了！这些想法在我脑海里一闪而过。我把妈妈抱得更紧并开始祈祷："如果我必须死，那么至少让妈妈和我死在一起。别把我一人留在这儿。不要让妈妈先死于我。我不想死——让我活着吧，让妈妈和我活到战争结束吧。"

脚步声渐渐在远处消失，哭声也停止了。我们安全了，跑到我们这里来的孩子也安全了。

当我们来到这里的18号之前，他们让我们在一栋楼里坐了一会，妈妈在那里发现了一桶煮熟的土豆，也许有个看守把它们忘了。我们把土豆分给了营房里的每一个人，最后只剩下八个。但是，这也很好，我们把它们藏起来以防有一天得不到任何面包。昨天由于搬迁，到处一团混乱，他们要么是忘记了，要么是这种事在这里经常发生；我不知道。在早上我还想办法去洗了脸。

今天天气特别热，很多人在点名时晕倒了。我了解到一些有趣的事情：他们有一种奇怪的办法让昏迷的人恢复知觉，不用人工呼吸也不用泼洒冷水。开始我觉得奇怪，但是我渐渐明白没有任何科学的或医学的程序比这种简单的方法效果来得更快：扇耳光。每个人都醒过来了，立刻。

※

他们允许我们写信给泰雷津。这并没有什么意义，因为我怀疑他们根本不会把信送出去，而且我们在信里面也不能说真话。我们被告诉要写的地址是比克瑙劳动营。从名字看，没人能想到这是什么，也不知道它跟奥斯维辛是一样的，就像我们根据从这里寄到泰雷津的信也无法了解实情一样。

但是，我们有一些统一的暗号，收信的人们据此会了解我们写的一切是正好相反的。关键是要让他们了解一些我们的真实情况，当然，问题是信能否到达他们手上。德国人还叫我们写我们不久要迁到另一个地方去劳动。从我们一来到这里，人们就在谈论这事，我一直盼望它的到来，但现在，他们要我们写一写这件事，我反而根本就不相信会真的发生了。

我们在18号住了两天。有一个看守要我帮她打扫，中午给我三碗汤作为报酬。她是波兰人，一个很好的女孩，名叫布罗希。她不像其他的看守，这就是我们成为朋友的原因。我根本不想理会其他的人，她们都是魔鬼，即使给我一锅汤我也不会搭理她们。

但愿他们会让我们留在18号——死了这条心吧，在这里你显然每个晚上都睡在不同的地方。他们这样一定可以节省很多面包，因为在混乱中，某栋楼经常被忘记，这样的事今天已经在我们身上发生两次了。

※

中午到了一批从泰雷津来的人，他们经过时我们正好等在厕所边上。我看见了拉斯卡和鲁扎·沃格洛娃，她们说她们的妈妈，还有丽莎和珠卡去了另一边。璐卡怎么样了？她跟我一起到了这里以后我就再也没见过她了。璐卡比我矮，她可能往左边走了，还有斯佩左娃夫人和安妮塔也是。我简直不敢相信也许她们没有人还活着，或者她们随时会被毒死。那个开心的、总是微笑的璐卡，我们的小璐卡；小丽莎，还有她的小妹妹珠卡，她是在泰雷津出生的。

也许那些看守只是想吓唬我们，叫我们毛骨悚然。她们当中有人去过另一边吗？那边真的有毒气室吗？我徒劳地观察那个可怕的地方会在哪里。我们所有的疑问都毫无意义，我所看见的只有两个大烟囱整天不停地冒烟。他们说，那是火葬场。

硬木板不可能会伤我那么重，但是昨天晚上令人崩溃。一切始于所谓的灭虫，我不断地想他们要把我们毒死。那倒也不坏，因为我已经受够了。

我们脱掉衣服后，他们就让我们那样待着。轮到第一批人已经是两个小时以后了，有一些人到第二天早上还没消毒完。主要目的可能是要确保我们得感冒，还要换掉我们的衣服。我本希望自己能得到一些干净衣服，但是死了这条心吧！他们把衣服拿出来堆成一堆，放在我们原来脱衣服的地方——自然，我们会拿到别人的衣服，而我们每个人不是穿了裙子就是穿了短裤，但不是两者，就像我们原来那样。

洗澡转眼就完成了。我们每个人走过淋浴的地方，看守们接着往我们身上喷洒来舒尔消毒剂。为了确保我们每个人都乖乖地离开，不制造混乱，还有党卫军看着我们，都是些相当年轻的男孩，他们一定开心死了。当然，我们没有毛巾，只能湿着穿上衣服。事实上即使我们身上干爽也毫无意义，因为外面正下大雨，我们立刻就成落汤鸡了。

有枪声，比前天晚上还要明显。我们听说他们在炮轰克拉科夫①，前线正往这边靠近。也许他们很快就会来解放我们。愿上帝保佑。

※

这栋楼里有一个典狱长，她一定是只猪。她穿着一条绸缎浴袍和一件衬衫式睡衣，趾高气扬地走来走去。她听任一个女人跪在砖地上乞求让她去上厕所。真是一只猪，再也没有其他的词来形容她了。即使这样还算对她仁慈了，这个比喻对猪都是侮辱。

他们还不给我们毯子，只有一张如纸轻薄、稻草做的遮盖物供五个人一起使用，但是现在我根本不觉得寒冷。我没得感冒，而且我想没有人会感冒。人能忍受很多，多得难以想象。这简直不可思议：妈妈克服了肺炎，自从我们来到这里后，她完全不咳嗽了。

※

在点名（我们可以待在铺位上，他们只数我们的腿——也许他们会感觉有点抱歉吧，因为我们整晚都受冻）之后一会儿，一个党卫军飞快地跑进这栋楼；他一定只有 16 岁。"脱光衣服到外面！"他们又一次把我们分成两组。我又一次紧张起来：我们会在一起吗？结果是肯定的。我们刚重新穿上衣服，他们就把我们往前赶。屋里的人悲伤地看着我们，我突然想到这是要把我们带去毒气室。我尽量让自己不要这样想。大家都说我们要被带去劳动，我们应该高兴。那些无意义的想法——毒气，毒气室，不停地在我的脑海里打转。

———————

　　① 波兰城市。——译者注

**数腿（1946 年 6 月）**

"……我们可以待在铺位上，他们只数我们的腿——也许他们会感觉有点抱歉
吧，因为我们整晚都受冻……"

我们走过 C-营的大门，然后经过一条小路，小路的右手边是男人
的营房。我留意找了一下爸爸——也许他就在里面的某间屋里，他准是
被送到这里了，奥斯维辛。但是我很快就放弃了找到他的所有希望，那
是一个不可能发生的巧合。我们走得很快，几乎没有时间观察周围的情
况。我们所能做的就是跟上步伐，不要把木鞋掉在泥巴里。之后又传来
一个命令："停下！"

就在那时一场倾盆大雨开始了，我们立刻全身湿透。大家的身体紧
紧贴在一起来抵御着寒气。衣服粘在身上，布上的染料从我们腿上流下
来，形成了无数条小溪。

尽管我们诅咒、祈求和祈祷，大雨仍旧下个不停，一直到下午很晚
的时候才停。夕阳的光芒照在我们身上，让水分在我们身上慢慢蒸发；
我们完全消失在水蒸气当中。不久我们的牙齿开始发出咯咯的响声，身
上也起了鸡皮疙瘩。

天完全黑下来了，这时我们的队伍又要开始往前走了。他们把每个人记下来。为了安全起见，我还是说我是 1926 年出生，而妈妈少算了四岁，所以我们的年龄差距不会很大。我们没有告诉任何人我们是母女，我们认为这样更好。

这次洗澡跟昨天的灭虫很像，只是规模要大得多，他们称之为桑拿浴。洗澡的时间极短，我们根本没有洗的机会。洗完澡后，我们在一间空房里等着，窗子都是敞开的。毛巾对我们来说毫无用处，风把我们完全吹干了。一切都在年轻的党卫军的严格监视之下。

在分发衣服时我简直无法相信自己的好运气，我得到了一条长袖的裙子、一双高筒鞋（并不合脚，但这无所谓，大家都是这样的），还有一件有夹层的外套。它长到了我的脚踝处，而且在颈部还能扣得紧紧的。我从来没有像拥有这件外套这般开心过，以后也不会再有了。我穿着它是那么温暖，我太开心了。

※

那天晚上很晚时，我们上了一辆火车（有棚的运牲畜货车）。在营区的大门口我们每人得到一条面包、一点黄油和一片腊肠。我们一边走一边咬着面包，就这样上了车。从昨天晚上开始我们就没有吃东西了，现在我把腊肠也吃掉了，感觉好多了。我用了一点衣服的里衬包好黄油并挂在一根钉子上。我们还撕了一些衣服的夹层包在头上。

我们坐在车厢地面上的共有 50 个人。无论怎样，我们总要躺下来睡觉。在我身后有一个很硬的东西，是块板子或别的什么东西，硌得我特别疼，但是我现在又不能站起来。到了早上我一定要弄好它。我很好奇我们要去哪里，据说这是一次好的转移。早晚会知道的，可能是去像克尼格斯泰因这样的地方，没有地方会比这里还要糟糕。至少我希望不会更坏。

在路上跋涉了 24 个小时后，他们在弗莱贝格车站让 500 人下了车，剩下的继续转移。我们走了一会儿路，来到了一栋大楼前。这可能是个工厂。一个党卫军在等着我们——所有的迹象表明他是这个营区的主管；他们叫他长官，他手下有很多监工。他念了名单，看看我们是不是都到了，然后告诉我们要怎么做并给我们分了房间。已经是深夜了。

我们简直不敢相信自己的眼睛。我们将要住在这里，住在一栋像样的楼房里，房间有墙隔开，而不是像在奥斯维辛的小棚屋里；睡在像样的床上，不像之前的恐怖的笼子。通常是两个人一张床，有一个好处就是我和妈妈一起睡而不用和陌生人睡在一起。我们爬上床的第三层，躺在这里真舒服——它既柔软又温暖。这里还有中央供暖。我们真是幸运，这里肯定不是一个差营。

※

我从来没有像昨晚睡得那么香。虽然只是睡在稻草上，用外套叠起来当枕头，但对我来说就像躺在铺了羽毛垫子的床上。我很高兴能来到这里。我终于感觉自己又像个人了。我们每人分到了一条床单（现在我们每个铺位上有三条了），每两个人共用一块毛巾，并且每人还得到一个碗、一个杯子和一个调羹。最后那样东西让我最开心，终于可以不用再像动物那样用手吃饭啦，我们又像人了。

我们都住在同一条走廊上。据说二楼住着一些波兰女人，但是我们不准到上面去或是离开这个大厅。这也没什么关系，我们在这里拥有需要的一切，甚至还有抽水马桶和有排水设备的盥洗室。要是有自来水就更好了，我想去洗个澡，我想这些尘垢永远也洗不掉。我们没有肥皂，而且在奥斯维辛时，即使在洗澡时段我们也没有时间清洗。还有，这24小时以来我们没有进食任何液体，加上旅途后的筋疲力尽……我渴极了。

※

我在点名时晕倒了。口渴是很可怕的，比饥饿还要可怕。妈妈在盥洗室拍打水管，出来几滴水，就这样她让我苏醒过来。到了晚上有水了，我听到了水声就去喝了些。立刻，我感觉好多了。

中午有西葫芦汤，里面甚至还有几片肉。每人可以想吃多少就吃多少。只要他们以这样的方式提供膳食，我们就有活路。但愿爸爸也能这样就好了。

我们到这里已经14天了，但是感觉就像永远。每天我们都吃西葫芦汤——每人一升，并不是像第一天那样想吃多少就吃多少。汤里面除了水以外什么也没有，一小时后我们就又饿了。我们每人有400克面包的配额，但是看守们都是可怕的骗子。

我们本来早就要去工作了，但是出现了几例猩红热病人，所以我们被隔离了，甚至不能出走廊。我们在房间里待了14天了。如果我们可以至少睡在自己的床上，我会睡上一整天。在晚上根本不可能睡着，因为有很多床虱，我一辈子都没有见过像这里这么多的床虱，泰雷津简直不算什么。它们就在光天化日之下爬满整个墙壁。白天我们必须把床铺得很整齐并坐到别的地方。我们坐在地上，因为房间里没有足够的椅子来提供给每一个人。我们的日常节目就是等待分配食物以及百无聊赖。如果没有新的猩红热病例出现，我们明天就要去工作了。

我们在一栋楼房里工作，这是一个制造飞机的工厂。工作采取轮班制，从中午12点到晚上12点。上星期，我们从中午开始，这还好。这个星期我们从半夜开始，从没有睡过好觉。中午回到住处后，要站着点名一个小时，汤变得完全冰冷。午饭后去洗漱，等到终于能睡觉时已经3点了。睡了一个半小时后，又到了发面包的时间。等到他们给我们发奖品（10克黄油和1调羹果酱）时已是6点钟了，到了8点，还发一次咖啡。在两次分发期间，看守们制造的噪声让我们简直无法入睡。喝完咖啡后，我们睡两小时，10点又要起床。我们必须在半小时内准备好并列队等待点名。

※

如果还要继续上这种班，我不知道我们将如何活下去。在这个时间段上班，饥饿更让人无法忍受。我们在睡觉前得到晚餐，这面包要维持我们12个小时的工作——而这种工作极其无聊。整个工作过程，我们不准坐着而且根本没任何事情可做。这是最糟糕的事情，因为我们不能让他们发现我们无所事事，所以还要装着在干活的样子。我们擦拭飞机零部件，这是极其烦人的工作。你站在一个地方，手上重复着同一个动作。每时每刻呼吸着的带有铁锉屑的空气非常不健康，而且我们从不出去呼吸新鲜空气。

※

我想在 10 月 28 日 [①] 可能会发生什么，但是连个空袭也没有。再过 14 天就是我的生日了。要是那时战争结束就好了，它就是一个最好的礼物。

现在上白班是从 6 点到 6 点。但是，我不够幸运，我们这个与众不同的大厅要工作到 8 点。工作仍然是乏味的擦拭。妈妈被转到了二楼，在那里安装小型机翼。

※

每天早上点名时，萨拉（我们这样称呼那个长官，有时候也叫他乌沙）都会找到一个扇人耳光的借口。不幸的是，它总是发生在我的身边。刚开始它让我感到不舒服，但是现在我不再关心这种事了。有一次更糟糕的是他想起来有一个人把她的纸落在洗漱间了，他就不发给我们

---

① 这里指捷克的国庆日。——译者注

面包。当然，我现在变得对任何事情都漠不关心。

—　✦　—

"他们已经到了格尔利茨和包岑①，离这里80公里。到新年的时候所有都要结束。一个和平会议正在召开。报纸上承认科隆②已经沦陷了。"所有这些都还没有定论，但是现在，唯一的事实就是今天是圣诞节后的一星期，汤变得越来越稀，我们的面包也减少到了300克。

听说我们要搬到真正的楼房里。

我们工作的地方毫无供暖。这里的地板是水泥的，我们的鞋子破烂不堪而且还没有袜子。萨拉不准我们穿外套。我们忍受不了寒冷，就把衣服的填充料（我们当中那些有大外套的人）和里衬做了裹脚布，手帕当头巾，汗衫当衬裙。今天萨拉把这些全拿走了，所以现在我们只有薄外套。我们都冻僵了。寒冷很可怕，也许比饥渴更可怕。

※

我发烧到了40度，还得了扁桃体炎，在住处待了三天。我在病房昏倒了两次。今天他们认为我又可以去工作了。

---

①　这是两个德国城市。——译者注
②　德国重工业城市。——译者注

**雪人 (1941 年 12 月)**
我在泰雷津的第一幅画作。我偷偷把它传给关在男囚营房里的爸爸，
他回信说："把你看到的画下来！"

**在厨房前面排队 (1942 年)**
每一餐——一天三次——都要站在长得没有尽头的队伍里等待

**洗漱间（1942 年）**

里面只有冷水，我们还必须节省着用

**孩子们去上课（1942 年）**

"孩子之家"设立之前，孩子们要自带板凳，集中到营房一角去学习

寝室里的音乐会（1942年）
尽管环境恶劣，我们仍然挤时间进行文娱活动

德累斯顿营房的走廊（1942年）
临时床上的小女孩生了肺炎。他们在走廊上给她架了一张床，以便她能呼吸到新鲜空气，可根本没有新鲜空气，疾病在人满为患的镇子四处蔓延

**来了一个包裹（1943 年 7 月 1 日）**

在"孩子之家"，收到包裹是件大事。包裹里的东西可能并不起眼——面包、饼干、糖或一段肉肠——可它们对于饥饿的孩子们来说都是宝贝。有些孩子独享包裹里的食物，有些会跟最好的朋友分享，还有些会给每个孩子都分一片面包或饼干

**为她的 14 岁生日所作（1943 年 11 月）**

这是为我的朋友弗兰卡画的。她和我出生在同一间产房，后来我们在泰雷津同住一张床，成了最好的朋友。当时我们想象着 14 年后会是什么样子，我们肯定都当妈妈了，会带着孩子在布拉格的街上散步。可事实上，弗兰卡在她的 15 岁生日前死在了奥斯维辛

**生日愿望 I (1943 年)**
在泰雷津，每样东西都是用旧灵车运送的，就连这个想象中的来自布拉格的大蛋糕也是

**生日愿望 II (1943 年)**
我最想要的是：回到布拉格的家中

**急病诊所里的候诊室（1943 年 7 月 26 日）**
因为居住环境恶劣，候诊室里总是满满的人

**去医院探病（1944 年 1 月 7 日）**
脑炎蔓延的时候，在之前的索科尔大厅建了一所医院。探病的人只允许到大门边

灵车上的面包（1942 年 12 月 27 日）
灵车一侧写着 Jugendfürsorge（孩子的福利）

转移队伍中躺在担架上的人（1942 年）
生病或太虚弱的人无法自己行走，只能躺在担架上

**院子里的"清洗"（1943年9月9日）**
到达或出发时，转移的每个人都要在清洗槽集合，进行登记、接受检查。他们要在酷暑或严寒中等待数小时甚至数日，直到被召唤

**波兰孩子在转移（1943年8月29日）**
这些孩子到达的时候就境况悲惨，而且在泰雷津的整个期间都被隔离。他们本来是要被送到瑞士，却不知为何最后去了奥斯维辛。该去洗澡的时候，孩子们都拼命反抗，口中喊着："毒气！"当时，他们比泰雷津的犯人们更了解实情

我们很久以来一直害怕它，而现在它来了。我们正在往楼房里搬，这是四个月以来我们第一次在户外呼吸新鲜空气。正在下暴风雪，天气极其寒冷。工厂离这里大约半小时的路，我想我肯定撑不住。昨天我还发烧，但是现在我还好，而且我想我会恢复的。我确信我永远也不会得感冒了。

很明显，他们在储藏室里有袜子和木鞋，但就是不发给我们。我不知道他们在等待什么。

※

这栋楼房是最近完工的，还没有完全干。水从天花板上往下滴，所以每天晚上，我们的被单和稻草垫子都是湿的。睡在底下的铺位可能更好些——这里的床只有两层——但是湿气却从下面往上渗。墙上起了白霜，他们却从不打开炉子。我们每天分到两桶煤，但是看守们会趁我们工作时偷掉一半。迄今为止，我们还没能洗澡，只能偷偷地在工厂厕所里的水管边稍微洗一下。但是萨拉看到这个会扇你耳光。洗漱间离我们住的地方隔了四栋楼房，现在，那里的水也已经结冰了。

我们在晚上根本不脱衣服睡觉。我们三个人睡一床，因为这里的稻草垫子不够。这里太糟糕了，除非有奇迹出现，否则我们活不下去。也许战争很快就会结束。据说他们已经打到了包岑，这次是真的，一个领班这么说的。

※

令人震惊的是，萨拉居然同情我们。他承认这么潮湿的地方不能住人。这并不是他真的关心我们，而是他意识到我们都会生病，而没有我们工厂怎么办？我们是训练有素的劳动大军，很多有专业技能的人都离开到前线去了。是考虑到工厂的原因，他们才让我们搬到好一点的楼里。这里也很冰冷，但至少屋顶上没有滴水（至少没那么厉害）。

※

现在盥洗室有流动的水了，但是也不可能在那里洗，因为所有的窗户都是破的。我们就从工厂偷来桶子在楼房里洗，后来被萨拉发现了，他在点名的时候明确禁止我们这样做。他和监工每天早上轮流来检查。我们就在晚上洗，这样比较安全。

1 月 29 日

他们发了袜子和木鞋。我们很幸运，妈妈和我两样都得到了。没有足够的鞋袜发给每个人，所以有些人必须赤脚度过整个冬天。他们储藏室里有很多，但显然不会全发给我们。

我最终不干擦拭的活了，他们把我调到一楼做安装。这是男人的活，很难做。我们站在脚手架上安装巨大的机翼。我的手指在固定铆钉

时被钉穿，我好像永远学不会如何做这个。我很害怕管我们的厂部经理
会到萨拉那里告状。他真是一只猪，即使是专业技术人员也怕他。有些
铆钉枪重得我都拿不起来。

　　我们从下午 1 点干到清晨 1 点。 起床是在 9 点——本来应该是在
10 点，但是看守们一直都很着急。在 11 点半我们离开房屋，12 点半前
必须到达工厂，排好队准备点名。萨拉总是拼命赶在前面，手里拿着鞭
子等在台阶上。

　　我们以前把面包省下来等到点名前吃，但是萨拉不准我们这样做，
他说我们必须在离开之前吃完。于是我们偷偷地在劳动的时候吃，因为
不可能饿着肚子坚持到晚上。晚饭是在傍晚 7 点。中间休息时间特别
短，等到他们发完 1000 份食物，最后得到的人们甚至没有足够的时间
把水喝下去（到目前为止就是这样的）。

　　每份食物极不平均，这是看守们的错，因为她们根本不搅拌大锅，
好像这是一份很累的工作似的。这样，有些人分到的是一碟在大锅面上
的清汤寡水，其他的人分到的又全是固体的东西。当然，这全在于看
守们的喜好，对于像我这样的一般人得到的永远是水。面包也一样，这
是在得汤的时候同时得的。分东西的时候，萨拉拿着鞭子走来走去维持
秩序。但愿看守们分东西的时候他能用上这鞭子，因为这才是真正需要
它的地方。但是他和那些看守是一丘之貉，否则他们不会对我们如此小
气。当然，他也没有必要讲公平。

※

　　一天当中我最喜欢的时间就是回到车间的时候。技术员们吃饭还
没回来，灯都没开。萨拉毫无必要地早早送我们来工作。我常常爬到脚
手架的最高处，静静待上几分钟。这是我在一天中最心静的时刻。我想
到……爸爸和我答应在每天傍晚 7 点要想对方，在混乱、拥挤和吵闹的

吃饭时间这是做不到的，所以我把它放在了半小时以后。也许爸爸在 7 点钟也没有时间。也许他上了白班，这时已经睡了；也许他现在要去工作；或者他们就在那个时候休息，他也正在想着我们。

我现在能和技术人员一样把铆钉装得很好，但是我根本不关心我们是否能装好这架飞机，尽管我也想得一些奖赏。给德国人干活还得好处，这很愚蠢，但是这样我们才有活路。有一次妈妈和我得到了一包肥皂粉，我们足足用了两个月。昨天我用三调羹肥皂粉换了两片面包，代价很高，但是也没有别的办法。我们还穿着在奥斯维辛得到的内衣。妈妈得到了一块 300 克的面包，我们一口气全吃掉了，就这一次我们才感觉肚子里有了点东西。厂部经理每天都向我承诺说他会举荐我，但是到目前为止还没有。等到终于推荐我了，他们却不发任何奖赏了。这就是我的运气：我从来没得过任何东西，不管是多的一份饭、一份奖赏还是别的什么。几乎每个人都有工作服，但是我总是很晚才得到。

得了工作服又不必放弃我的袜子真是一大幸事，我不知道哪里来的勇气和胆量敢这样做。我只是脱掉袜子，把它们藏在衣服里面并说我没有袜子。这是一个巨大的冒险——万一萨拉来检查怎么办？但是在这里这样做是唯一的办法。我必须从波兰人那里学到一点，他们知道这种事该怎么做。

他们有一种特殊的奖赏，是给小孩的半份面包和农家干酪。我什么也没有，因为我登记的是 1926 年出生的。还有我们要工作到 8 点，孩子们 6 点就可以回去，我却不行。我生平就有这么一次撒谎，得到的却全都是不利。当然，也可以完全是这样的结果：如果我说实话，他们会把我和妈妈分开，那他们还是留着他们的奶酪吧。

※

现在每天都有空袭，而且越来越频繁。警报响起来没完没了，空袭前的预警从来就没停过。昨天在德累斯顿有个大空袭。我们能听到枪声，到了晚上我们从工厂回来时，整个天空都是通红的。即使在今天，我们还能看见微弱的光。

连续几天，大批装着难民的车子在马路上不断地经过。这使我感觉特别好，去劳动的路上一直很开心。三年前，躲空袭的是我们。他们以前经常让我们躲进这里的避难所，但是后来他们考虑再三决定不干了，因为他们更担心自己不能及时到达安全的地方。所以我们故意慢慢地走。是生还是死都为命运。生命对我们来说已不算什么，我们已经一无所有了。

我只害怕一件事情，那就是我和妈妈只会死一个。有次警报响起的那一刻，我恰好在二楼妈妈的身边，这样我就毫不担心我们是否会被袭击。

他们不再让我们进入避难所了，于是我们就待在大厅，所有的女人都在一楼。目前还没有直接对准弗莱贝格的空袭，但是有很多次飞机就在工厂上空盘旋。今天有一架飞机被打下来了，那些技术人员开心得都疯了。他们整天都说着这个，直到晚上他们把战果扩大为三架。我个人十分喜欢空袭（并且我想我不是唯一的一个）。我们不需要工作，我能和妈妈在一起待一会，而且看着那些技术人员屁滚尿流——为我的措辞道歉——真是一大乐事。

卡普泰侬，我们的厂部经理，总是在不停地嚷嚷，简直把我们逼疯了，大家也都怕他；他总是第一个冲出厂房。甚至有一个技术人员在跑去避难所的路上摔断了腿。我们每天都等着真正的空袭开始，让德国人看看他们能做什么——这里的蠢货们还在坚信德国会赢得战争。就用我们在这里制造的飞机?！

我又开始上白天的班了。今天外面真漂亮，太阳普照，小鸟歌唱。现在是春天了，可是我们还被锁在这阴冷、灰色的工厂里。我什么也没做，也不能做——我必须不断地往外看。我离窗户很远，能看见的只是一小块天空和一些树顶。树木开始发芽了。我们劳动回来时看见孩子们在玩弹珠、抽陀螺——总之，春天到了。

技术人员很少留意我们；现在这里只剩下很少的几个技术人员，大多数已经离开去前线了。我们现在完全是独立地干活，但愿那个卡普泰侬不要看得我们太紧。吉娜——一位跟我一起工作的波兰女孩——和我故意让几个灯泡炸掉，这样我们就可以去拿新的。今天我不想工作；我从来就对它没兴趣，不过最近我们根本就没做什么。只是我们要时刻保持警惕，不让卡普泰侬和萨拉抓住把柄。我手里一直拿着锤子，只要一有人来，我就开始拧铆钉。吉娜很懂我。总是同样的工作，我们还要坚持多久？这场战争不会停止吗？

※

妈妈的腿在他们分咖啡的时候烫伤了，那些讨厌的荷兰女孩总是为了食物像疯子一样打架。妈妈在医务室。在这里一个人真难过，现在我明白我们能在一起是多么幸运啊。

※

据说我们不用再去工厂里劳动了。它将被变卖，前线变得很近了。

我们将要离开这里，可这里没有火车，那些技术人员说我们将步行。这是不可能的，我们能走多远呢？我们早晚会知道的——并不是人们说的所有事情都是真的。目前，还是像以前一样工作。

今天早上我们像平常一样开始工作。那些技术人员什么都没说，很可能他们什么也不知道。突然来了命令："放下工具。"显然我们不要回到工厂里。

我们最后一天工作的时候，有个女人不见了。他们威胁我们如果不说出内情就要剃光我们的头发。但是他们真的会找到她吗？他们在事发之后只找了12小时。就让他们找去吧。据说她是和一个技术人员一起走的，天知道她在哪儿。

他们要剃光我们的头发确实有点吓到我了。在奥斯维辛我一点也不在乎，但是现在我不愿意。战争很快就要结束了，光着头回到布拉格可不是一件让人高兴的事。我们不管怎样也逃不掉；萨拉最近情绪很不好，为了一点小事就要剃光别人的头发。例如，他剃光了一个女人的头发就因为他能看见她手帕下面的头发（在冬天我们允许去工厂的路上头戴手帕），还有一个女人是因为用一根电线做了一枚戒指，第三个女人是因为全身洗了个澡。所有的事情我们都是不允许做的。

※

萨拉几天前离开了，他们说他去安排我们转移到福洛森堡①的

① 弗莱贝格是一个卫星劳动营，附属于福洛森堡。——译者注

事。那是我们的上级集中营，我们的囚号就是那里发的。我的号码是54391。号码刻在一个金属圆盘上，它就缝在我们的衣服上。

※

萨拉回来了。他在点名时嘲笑我们，说他听到了一些有关离开的愚蠢谣言。他对此毫不知情，并且禁止我们传播类似的消息。所以这绝对是真的，否则他不会制造这么多借口。

妈妈决定从医务室回来了。如果我们真的要去哪里，也许那些病人就要留下来或者被枪毙。我们永远不知道会发生什么，现在最重要的事情就是要待在一起。

这里根本没有工作可干，但他们还是让我们手脚不停，锄地、修路、挖草，还有各种毫无意义的事。他们只有分给100人左右的工具，可我们有上千个人。那些没有得到工具的人就要搬运和打碎石头。现在外面还非常寒冷——我们的住处在很高的山上——但是萨拉决定让我们不穿外套干活。他和他的监工们很暖和，肚子也吃得饱饱的。

我们到工厂来工作已经有两星期了。整个营区没有一块石头留下，但搬运工作仍要进行，只不过是从这堆石头搬到那堆石头，这样我们看起来就好像是在做着什么。食物很糟糕，我们根本得不到一升汤，而且还没放盐，因为他们的盐用光了。现在每人只有170克面包。

妈妈看起来情况很糟，瘦得就剩皮包骨了。最近她开始出现心脏问题，虚弱得几乎都站不住。我们也几乎都那样；尽管我年轻，但走路时膝盖也会失去控制。

我们一直都处于饥饿状态，只剩希望支撑着我们。我们不再靠那一升水和一片面包生活了，靠它们根本难以生存。现在我们靠的是意志的力量。我们会活下去的！总有一天，战争就会结束了。

能听到爆炸声了。他们一边在打德累斯顿，另一边在打开姆尼茨①。

白天有四次红色警报；显然他们已经打进了德累斯顿，伞兵也已经进入到了开姆尼茨。一些女人去工厂打扫并带来了一张报纸。在柏林附近有一场大战役，这是报纸上说的——他们一定已经攻入了柏林。

我经常坐在窗边，往外看着我们前面白色的马路。很快，也许明天，后天。那就是他们来的方向。老天，第一辆坦克什么时候来啊！他们就要来解放我们，我们将获得自由。结束很快就要到来。毕竟，报纸上已经承认柏林沦陷了。

※

今天早上点名的时候萨拉被叫去听电话。"准备行进！带上碗和毯子！"这是在清晨3点；4点我们点名，5点就要出发。

我想躲起来，不想列队，也许可以躲到一个草垛里或者昨天晚上我们在房屋后面挖的坑里。他们不会浪费时间找我们的，因为萨拉紧张而

---

① 德国萨克森州的一座城市。——译者注

且匆忙。前线一定非常近了，可能今天就能到弗莱贝格了。要是我能确定不需要太久就好了——但是万一他们要一个星期到这里，或者两个星期，那该怎么办呢？若是手里有一条面包的话，我不会犹豫，但是要坚持两个星期没有任何食物就太难了。

不管怎样，我应该留下来的，但是妈妈开始再三考虑。在最后一刻我们还是决定跟着他们。

他们把我们分成五组，清点了人数就出发了。以前，我们去劳动的路上总是走得飞快，但是今天远远不像那样。

一路上和火车站到处都是难民，一个接一个，拿着包裹。那些监工也带上了他们的行李。萨拉和他的妻子一起。他们都在逃跑，整个小镇的人都要走掉了。他们是刚刚才意识到吗？看清形势花了点时间。他们不是在逃避美国人，而是极其害怕俄国人。但他们终归是逃不掉的。

他们把我们装进了敞开的运煤车里，60 到 80 人一辆。到了 8 点钟车子离站了。

我再也见不到弗莱贝格了。我不会想念它，尽管看不到军队的到来令我感到伤心。也许他们已经到了那里，沿着那条让我充满期待的路。我怎么最后没有躲起来呢？

我们正在穿越苏台德区。从监工的谈话里（每辆车里有两个监工），我们听到了一些关于巴伐利亚州和福洛森堡的消息。

天色开始变黑了。他们一整天没有让我们出来，也没有给我们任何吃的。

看来，我们是要去福洛森堡。我本以为我不会再进入另一座集中营了。今天早上看到德国人逃跑时，我心情很好，但是福洛森堡?! 我们一直在想一旦濒临危险，他们会自行逃离，不管我们的死活。可现在竟是这样，看来他们打算把我们所有人干掉来结束这一切。

我根本不敢相信战争将会结束，它已经持续了这么久。以前总是说"在秋天，在秋天"，而现在几乎到夏天了，却什么也没发生。前天，甚至昨天我们还在计划，设想着有人来解放我们，而现在在我们却要去另外一个集中营。他们总有足够的时间来对付我们。

我们正穿越莫斯特并向霍穆托夫① 进发。这里的一切都被炸为了碎片，刚刚又响起了警报声。一个铁路工人，捷克人，向我们大声说，他们两天内就会打进来。他说，一星期之内，一切都将结束。但愿他说的是真的。

现在我们又向另一个方向进发。也许火车正被移出轨道。不，它正按原路返回。为什么? 现在我不能考虑这些；我们必须躺下来睡一会。到了早上自会知道我们到了哪儿。

※

我们并没有睡，只是站着打了个盹。雾在慢慢散去，太阳开始出来了，就让外面的天气好点吧。整个晚上我们就睡在空旷的天空下，只盖了一层很薄的毯子。我会变得暖和起来吗? 我想不会了。

黎明。我们认出了昨天经过的几个地方。我们正站在莫斯特外面的轨道上，正前方是一排排建筑，还有带刺的铁丝网，是一个集中营。也许他们会把我们留在这里。我们现在可能不去福洛森堡了。他们从霍穆托夫把我们送回来了，显然我们不会再往前，因为有前线。一些男人在楼房的前面走动，也许爸爸在这里。要是让我们在这里下车就好了，就

---

① 捷克一城市。——译者注

让我们睡在地上，即使没有毯子，但至少我们头上还有个屋顶。

※

他们把我们送上了一条死路旁轨。五天了，战争不结束我们也许就永远待在这车里了。装满伤员的火车整天在我们身边经过。24 个小时以后，他们又回到了来时的方向。四周都是前线，空袭来了连警报也不响，头顶上不断有飞机飞过。他们毫不间断地向飞机射击，高射炮向它们开火，就在我们头顶上爆炸。第一天我们有点害怕，但是现在根本不受影响。炸弹可能掉在这里，但我根本不去想这件事，我相信我们什么事也不会发生。就算发生了，至少是在我们不知情的状况下。我们就不用再受冻和挨饿了。

这个营叫做特里伯斯切尔茨①。我们在这里得到了食物：一片面包和半升咖啡。我们喝了一半咖啡，另一半用来洗漱。这样做是在欺骗我们早就渴望水分的身体，但是我们也不想身上有虱子。每天早上，即使很冷，我们也会脱光衣服，至少把内衣和外套晾一晾。我们把车子里的煤灰扫掉了，每人都有了自己的位置。我们必须把事情安排有序，谁知道还要在车上待多久。

白天的情况让人难以忍受，但是晚上更叫人发疯。我们想到了一个可以让每个人都躺下来的办法。我们像沙丁鱼那样排好，黄昏前开始排队，天黑前就可以把一切准备好。我们都朝右侧躺下，如果有人要翻身——我们尽量克制自己这样做——整个车子的人都必须在那一刻同时翻身。

我的三个脚趾头冻伤了——有一个冻得很厉害，连木鞋都穿不进去了。我们还算幸运，天气相对来说还好，但晚上还是有霜冻，毕竟现在

———————————

① 莫斯特附近的一个劳动营。——译者注

还是 4 月。

※

　　我害怕晚上，它是世界上最痛苦的折磨。要是这些女人能再相互理解一点就好了。每个人只想着她自己，对别人漠不关心。自私的人们啊。只要她能睡，其他人都可以不睡。每个人都觉得自己的位置最差，还抱怨别人霸占了更多的地方而让她难受。只要她一起来，整个车的人都要起来。晚上所有的计算和测量都成为徒劳，我们在天亮前再也不可能躺回原来的样子了。

　　我们的哨兵来了两次，因为这里太吵闹了。我本以为只有我们是这样，但是一到天黑就能听到每辆车里传来的争吵声。也许是饥饿使得每个人都如此紧张。

　　现在我的情况更糟糕了——有人不断地在我脚上踩来踩去，冻疮疼得让我难以忍受。她们踩在我大脚趾的水泡上，它破了，还出血了。我用妈妈包扎烫伤的旧绷带缠了一下，它现在已经开始愈合了，即使是在这么肮脏的地方!

　　这可能是我们在车上的第六个晚上，到特里伯斯切尔茨有一个星期了，我再也忍受不住了。每天晚上我都在想这件事，今晚我想我要付诸行动。我要跳向一辆路过的火车自杀，我再也忍受不了这样的夜晚。但如果这就是结束呢，如果这是最后一个夜晚呢? 我再忍一次吧。

※

　　他们往我们这里加了两批人进来：希腊女人和波兰男人。他们的情况糟糕透顶，比我们还差。他们说他们有一个星期没吃东西了，还感染了斑疹伤寒。晚上，你能听到哭号的声音，那是他们在喊着要水。他们还有比我们的更凶残的"萨拉"和监工，时刻忍受着非人的折磨。我们不能见他们，只在他们去营区要食物的时候看到了他们。他们根本走不动，勉强蹒跚而行。男人脱掉了衣服，看上去比女人情况还糟。上帝啊，也许爸爸看上去也这样了！

到了早上，一批从布痕瓦尔德集中营来的男人经过，他们向我们叫喊。他们当中有波兰人、匈牙利人、斯洛伐克人和捷克人，但是没有一个来自泰雷津。他们看起来很惨！相比之下我们算胖的，穿得也很好。他们看起来这么惨，也许是因为没有剃掉毛发，但是他们也同样经受了很多。他们的车上比我们还拥挤，根本不能都坐下，所有人都必须站着才够位置。

我们在那些人中间找爸爸，但是可能根本认不出来了。一个人会变成什么面目啊——他们怎么能这样对待一个人?！我根本不相信爸爸还活着，他经受不住这个。但这还不是结束。

※

晚上，在霍穆托夫和莫斯特有大空袭。看起来我们要完了，但是炸弹奇迹般地没有掉到我们这里。监工和哨兵都逃跑了，我们却不准离开车子。我们很高兴不必起来，就继续平静地睡觉。我只是爬起来看看斯大林蜡烛①，它们点亮了整个天空。然后我不得不继续坐到天亮，因为我再也挤不进去睡觉了。

这是一个特大空袭，但是这里根本没有警报；前线离这里肯定只有几公里远。也许我们可以活到解放的那一刻。

晚上空袭的时候，一个斯洛伐克女人正在生小孩，在黑暗中，借着

---

① 在晚上，苏军扔下镁耀斑炸弹来照亮下面的地形，提高投弹的准确率。后来人们一般称之为斯大林蜡烛。——译者注

一个火把的微弱光线。目前，母亲和小孩都还健康。这些乱作一团的人本应该让新生儿有舒适的环境，但这里他们仅仅把他裹在一个煤迹斑斑的脏毯子里。这是第二个婴儿，第一个是在我们离开弗莱贝格的头天晚上出生的。

哨兵、监工和萨拉急得团团转。美国人已经到了霍穆托夫。我们以飞快的速度向莫斯特进发。他们把我们跟他们装在一起，逃离前线。这是前线第二次离我们这么近，而我们又一次错过了。

整个下午，雨下得越来越大，裹在身上的覆盖物被雨水浸透垂到了地上。很快就到晚上了。我们的车子开得飞快。要是大雨能停就好了，我们在湿漉漉的毯子里根本熬不过一个夜晚。也许他们会在哪里把我们放下车来过夜，也许会去像谷仓那样的地方，但愿我们头上有个屋顶。

我们正经过一个小村庄，孩子们在房前玩耍。他们兴奋地看着我们，不停地招手，那边的人还在喊着什么。"Nazdar!"——是捷克语"你们好！"——他们是捷克小孩。我们到家了，在波西米亚。大人们也加入进来了，"你们好！"的声音越来越大。天哪，再次听到捷克语是多么亲切。这些捷克小孩跟我们打招呼的方式与那些乳臭未干的德国顽童在我们去劳动的路上向我们扔石头的做法差别真大啊。

我们经过了一个树林，有只野兔逃跑了，还有只松鼠穿过了林子。大自然真美啊。树林的气味与在德国的也不同，这是捷克的树林。我想做那只野兔，或者那只松鼠，自由地生活，自由地呼吸。这些动物多开心啊，而我们又要去哪里呢？萨拉找到了带我们去福洛森堡的路吗？如果那样，这将是我看到的最后一片树林，最后一点自由。明天我也许不再活着。在福洛森堡有毒气室吗？哦，还是从火车上跳下去吧，躲在树林里，逃跑。

我们在一个捷克火车站停留了一会儿。人们向火车跑过来，向我们扔面包和面包卷。上帝啊，他们太好了。他们都跟我们说捷克语，并说这一切很快就要结束了。

然后我们继续往前走。雨下个不停，但是我根本感觉不到。我不在乎。我的毯子滑掉了，被别人践踏在脚下，但我丝毫不受影响。有个女人跟我们分享她得到的面包。我们从早上就没吃东西了，我极度饥饿，但是我不能吃这个面包，我把它紧握在胸前。我感觉不冷了，雨水，还有泪水滑下我的脸颊。我不能吃，这是来自捷克人民的面包，我们的面包——我们到家了，到了捷克的土地上！

有两个女人跳出了车子。哨兵假装没看见，他们再也不关心这个了。我也想逃跑，但是两个人一起跑很难。两个人一起跳的时候，若是有一个人发生了点什么怎么办？如果他们抓住了一个怎么办？如果妈妈再强壮一点……但是就她眼前的状况，她不能逃跑。如果她最后在路上倒下了怎么办？我不想跳，我将自己留给命运的安排。这里没有生命的迹象。我不知道我们到了哪里。

※

我们到了上布日扎①的车站。大概是半夜。雨还没有停。铁路工人对我们大声说，到了早上我们会有带顶棚的车。早上——至少还有六个小时。我的冻疮在开始发烫，脖子也由于浸饱了水的毯子的重量而受伤。还有六个小时，雨一直在下。

他们把我们转到了一个带顶棚的牲畜运输车上。就让外面下雨吧，

---

① 捷克西部城镇。——译者注

至少我们有顶了。要是我们有干燥的毯子就好了——我们这样永远也不得暖和。

※

毯子基本上干了，我们感觉不冷了。他们把我们分散到另外一批人里面。这样更好，那里有很多病人，我们所能做的就是感染发炎。

※

我们在早上离开了上布日扎，可能要去皮尔森①。萨拉知道有两个女人逃跑了，但是他好像一点也不生气，我们也许再也不是他考虑的问题了。

中午，火车到了皮尔森，在一个车站后面停下来，边上有片树林。大批人立刻带着食物向我们聚集过来。我不知道他们如何能这么快地准备好这些。今天是周日，他们肯定早就烤好了。他们提着装得满满的篮子和盒子，里面有面包、点心和水果。只是他们把这些都给了萨拉，他说他会把东西分给我们。这个我要等着瞧。

车门暂时获准打开——我们当中有几个来自皮尔森的女人，她们给其他人传了信儿，所以我们得以放出了一些话。我们叫那些好心人亲自来分发食物或者发物的时候要在场，因为萨拉一定会和监工们独霸食物的。

这里所有的人都很好。他们一整天都提供给我们食物，还为我们做汤。从早到晚，他们从镇里把食物带过来。我们每人得到了满满一碗真正的捷克土豆汤。两天以来，我们终于吃到了点热的东西。他们自己给我们发食物——萨拉简直要发狂了，但是又不能怎样。他再也不能像以前那样想要多少就得多少。

---

①　捷克西部城市。——译者注

我们听到了他和站长的谈话，后者极力说服他把我们留下。他说他们会照顾我们，食物，一切。他建议萨拉不要带着我们往前走了——显然前面哪里也去不了。但是萨拉不听这些，他不管怎样都要离开。他感觉末日即将来临，害怕和捷克人在一起。他问哪个方向是去巴伐利亚的。站长肯定地说他到不了那里，但是萨拉不听劝告。

∽∽∽

我们又到了一个旁轨的尽头。这里没有一点生命的迹象，我们不知道身在哪里。我们猜想这是在多马日利采 ① 附近。萨拉想找点东西吃，但是到处空空如也。他没有了储备，连给监工们的也没有。今天他吃光了所有的昨天没分给我们的点心。为什么萨拉不留在皮尔森？那样我们就有食物供给了，在这里我们只会死于饥饿。

我们再也走不动了，他们把我们送回到一个车站。这里非常奇怪，到处是死一般的寂静。我们毋庸置疑还在战区。

昨天他们一点食物也没给我们，今天他们在篝火上泡茶并往里面加糖。萨拉还有一点糖。当他们让我们下来时，我们根本不想离开车子。要爬下来得花太多的力气，我们根本就站不起来。

※

他们给了我们每人两调羹糖。你不会相信我们有什么变化。立刻，它让我们站起来了。妈妈和我在车子前面散了一会儿步。身上脏得吓

① 捷克西南部城镇。——译者注

人，我们得到了一杯水来清洁。我们是不是有一次在特里伯斯切尔茨用1/4升咖啡清洗过？

※

萨拉不知在哪里弄到一些土豆。他们在火上用桶子装着把土豆煮熟了。我们每人得到两个。如果不立刻离开这里，我们就会灭亡。没有食物我们能活多久？

我们到了克拉托维。人们又一次从四面八方带着食物涌来，但是萨拉不让他们接近。那附近有条小溪，我们获许可以去洗洗。

我把我的工作服扔出窗外，衣服里有虱子。我会很冷，但是忍受寒冷比忍受虱子更容易。有东西一直咬我，使得我不停地想着它。我们很怕它们，所以在弗莱贝格时才要极力保持干净。一旦你有了它们，就永远摆脱不了。

妈妈跟我争吵，她说我神经太紧张，虱子不会让我们死，而没有食物远比这糟糕得多。这是事实，但是虱子比食物的问题还要让我烦恼。它们使我很痛苦。

人们很乐意帮助我们，为什么萨拉不让呢？有一个女孩是混血儿，她的父母就在克拉托维，到了晚上他们叫她的名字。她本来可以逃跑的，但是她病得厉害，从圣诞节以来就一直在营区的医务室。对她和她的父母来说这太可怜了。离家这么近，却没有食物，没有帮助。

※

他们让我们又继续走了一站路。女孩的妈妈从早上起就一直站在火车外面，她祈求萨拉和监工们把她带下火车并让她留下。即使是典狱长也会答应的，因为她病得很严重，但是萨拉不肯，还不让那女人靠近。

监工们到镇里去要食物了，回来的时候带着满满的袋子和篮子，还带来了几壶牛奶，甚至还有水果，但是所有这些都拿到监工和萨拉坐的那节车厢里了。如果我们能给人们一点暗示就好了。他们也没有食物可以浪费——他们把最好的拿了出来，萨拉却藐视所有这些。

今晚我要逃跑。我一定要溜走——我计划这个已经好几天了。这里的人一定会帮助我们的。

萨拉改变了主意，让他们来到火车边。还有那个女孩的母亲。他们冲了白咖啡来配面包。我们每人得到很大的一片面包，医务室的人得到了点心。这是什么面包啊！世界上最美味的！还有咖啡！乳白又香甜，是捷克人做出来的风味。他们这时给我们吃的真是恰到好处，除了那两个土豆、半杯茶和两调羹糖，我们四天没有吃东西了。那天早上，妈妈晕倒了两次。再过一会儿，他们会让我们出来，我要到外面四处看看。今天晚上，不许失败，我要逃走。

※

我还要仔细想想这事，有一个看守一直看着这辆火车。我看看有没有可能躺到火车的下面，但是火车两端都有一个火车头，我不知道我们要走哪个方向。还有一个选择：如果他们晚上让窗户开着（火车门一直是从外面锁着的），我们就跳下去。有机会跟我们搭上话的人告诫我们离开这里。他们显然还会不断搜寻。他们会给我们食物，但是我们藏到哪里？我们不能要求人们把我们藏起来而给他们自己带来不幸。

　　如果能确定战争就快结束了，那么我无论怎样都会坚持。我们会睡在树林里，躲在干草堆里……毕竟，我们早已习惯了更糟糕的情况。但是，我们要这样活多久？在某一时刻他们一定会抓住我们。妈妈仍然不想逃，她担心自己太虚弱。我不想极力劝服她，我只是在等待她发话。如果她答应了，那么我将毫不犹豫地逃命。

　　我在等待，也许她会答应。

※

　　我久久地站在窗边看着窗外，直到晚上。我们的位置正好在窗子下面，所以我没有打扰任何人。大约在 11 点钟我们离开了克拉托维。我们走得相当慢，这对跳火车来说是绝好机会，但是妈妈沉默不语。

　　我想我们走不了多远，皮尔森的站长也告诉我们说我们走不过霍拉日焦维采 [①]。

※

　　嗨，这些人怎么知道我们会走这条路？他们所有人手臂下面都夹着长条面包。一位铁路工人把自己的点心扔给妈妈，另一个人问我们是不是都是捷克人。他传给我们一条面包，又往隔壁窗户扔了一条。"柏林已经沦陷，两天内就要结束了……"但是后来，萨拉愤怒爆发，用枪生气地在窗子上乱捶。

　　这里很黑，但至少他没有看见人们给我们面包。我们把它分了，每人得到一片。我们从昨天开始就什么也没吃；萨拉说不需要给我们食

---

　　① 捷克的城镇，位于西北部奥塔瓦河畔。——译者注

物，因为我们可以从老百姓那里得到。

※

我们继续往前赶路。去哪里？毕竟，通往捷克布杰约维采 ① 的铁轨已经断了。

我们请求他们并大声叫他们打开窗户，这里让人窒息。哨兵同情我们，打开了一扇。一辆军方火车就在我们对面，他们给了我们一罐豆子汤。我们分了，每人得到一调羹。不管怎样，我们的肚里有了点温暖的东西。他们本来要给我们更多——面包已经准备好了——但是萨拉跑过去，又一次朝窗子捶去，吓得他们不敢了。窗子只开了一个小缝。士兵们嘟囔了几句谴责萨拉不人道的行为。也许并不是所有人都那么坏，他们只是惧怕对方，最主要还是惧怕党卫军。

※

所有的火车都朝霍拉日焦维采方向返回，但是萨拉显然不想这样。他总是有自己的想法并坚持不变，这次也一样。他要去他想去的地方。

我们问一位铁路工人，他是否知道我们要去哪里。"可能是毛特豪森 ②。"可能？不，人们不会这么不确定地说事。一夜之间有 10 个女人跳出了车子。德国人朝她们开枪，但是我想她们谁也不会发生什么事，因为可能连哨兵们也并不真的想打她们。他们不在乎我们会怎样，甚至有一个哨兵消失不见了。

当然，在这里我不会采取任何冒险举动。如果我在波西米亚都没有

---

① 南波西米亚州的首府和最大城市。——译者注
② 奥地利东北部城镇。——译者注

逃跑，我还会在捷克布杰约维采这种地方冒险吗？这里全都是德国人。

已经太晚了。我将留下来坚持到最后。如果我注定要死，就让我死吧。一切留待上帝的意愿来决定。

※

他们已经算出来我们少了 10 个人，威胁要惩罚我们，但是我们还能怎样呢？还有什么比毛特豪森更糟糕的吗？

※

"水，喝吧，就一滴，润下嘴唇！"他们听不到，也不想听到。我们不再感觉饥饿——我们习惯了没有食物，但是口渴，强烈的口渴，折磨着我们。

※

透过裂缝，太阳光渗入进来。你能看见一点天空，时不时还会看到树干或树顶。肯定是到了树林里。哦，看着树林最让我伤心。我如此地爱它们，爸爸也爱它们。那里的草，微风吹过，荡起涟漪。天啊，世界是多么美丽啊。

不管怎样，萨拉赢了。那些说我们哪儿都不会去的宣言算什么？

人们曾多少次说就要结束了？我们 16 天的路程到了尽头。车门打开了，对面的墙上用黑色的大写字母写着：**毛特豪森**。

※

我在窗户的玻璃上看见了自己，吓了一跳。一个人在 16 天之内怎么会变这么多？我们都变得认不出彼此了，深陷的脸颊，凸出的眼睛。不过谁在乎这个？在毛特豪森这种地方注重这种小事就是吹毛求疵。

他们带着，或者说强迫我们沿着马路穿过小镇。人们透过窗户往外探望，好奇的孩子跑出家门来到我们经过的路上。有多少人沿着这条路走过？有多少人的气息、泪水、汗滴和鲜血浸在这路上的泥土里？

昨天这个时候我们还在波西米亚。我看到了捷克的土地，我听到了捷克的语言。我将再也看不到和听不到这些了，没有人会发现我们将消失在毛特豪森。

※

我坚持不下去了，一步也走不动了。我想躺在这里——让他们枪毙我好了。毯子好重，我连手里的碗也拿不住。真希望他们让我们休息一会儿，就一会儿，让我们喘喘气也好。或者让我们喝点水，如果让我们在车站边的水管那里喝点水，我们就能继续走了。路通向一座小山，越来越陡峭。他们飞快地赶着我们走。我渴望一滴水，就一滴……我走不动了。

道路渐渐地变成了一条小径，我们一定已经到了。再走一点点，我鼓起了所有的力气，我一定能成。在那里——那是什么？一个喷泉，水从斜坡上流下来。也许是一条小溪，是雨水，也许是从水渠里溢出来的。想这些也没用——快点，萨拉在前面，而监工是背对我们的。再来一口，感觉它多么凉爽和清新……

　　一面石头墙映入眼帘，还有几座塔楼和营房大门。有人从这里活着回去吗？

※

　　我们停下来，好让他们清点人数，这是我们在自由空气里的最后几分钟。过2分钟，5分钟，也许10分钟，这些大门就要把我们关起来，然后……

　　夕阳晒到我们的后背，微风吹拂，新鲜的绿草荡起涟漪。一只甲壳虫越过小路，在它不远处有只蝴蝶落在一朵花上。我从来不知道我会如此热爱这个世界。对于这个世界我经历了多少？ 15年，其中有3年半在营区度过。而现在，当我有很多计划时，当我的人生才真正开始时……

※

　　我们走了。大门敞开着在等我们。现在他们要把我和妈妈分开，也许我们要去毒气室。"妈妈，感谢你给我的一切，如果你能再次看到爸爸而我不能，也代我感谢他。感谢一切。"再一次亲吻，大门把我们吞没。"上帝，别抛弃我们……"

　　在我的一边，是一面布满带刺电线的石头墙，对面是一座更大的石

头建筑。我们坐在地上，在我们当中忙碌的是穿着黄色制服的州警察。萨拉把我们交给了当地政府。

我们得到了满满一碗咖啡，还可以再要，想要多少就要多少。我把第三份都喝完了。它们都跑哪里去了？我才刚刚能感觉到我有点湿润的舌头，但是我的肚子还是空空如也。也许我的肚子里什么也没有了。州警察拿出香烟和巧克力，跟我们说话，让我们镇静，安慰我们。我们不是要去毒气室吗？我们不要去劳动吗？他们不要再次剃光我们的头发吗？我们可以待在一起吗？不，我们什么也不会发生，也没有人需要我们为他们劳动。前线一个星期内就要到这里了。

为什么给那个在寻找妹妹的女孩的答案是："这里没有'妹妹'，在这里你们是东西"？当我们经过那栋楼时，为什么他们如此残忍地鞭打囚犯？我不想要他们的巧克力，反正都是从犯人的包裹里偷来的。让他们留着他们的香烟吧。他们说的话没有一句是真的，他们在撒谎，在玩弄我们的恐惧，以牺牲我们来取乐。我不相信他们。

※

他们让我们两个一组排好。我们又得到了咖啡，还有——面包！是真的，面包，一份 300 克的面包和 20 克黄油。面包，天啊，在 16 天之后再一次吃到它，整整一份 300 克全属于我一个人，我可以一口气把它全部吃完。我已经感觉到了我的下颚在张开并把面包片咬碎，面包屑在舌头上融化，苦味的面包。我们继续往前，再过几分钟，或几秒钟，我就要把它抓到手里了。面包，整整一大块面包！

我拿到了一份很好的，端部。然后他们带着我们在房屋后面走到另一边。州警察开始大叫了，用九尾鞭打我们；那几个在前面的推我们的背，在后面的几个挡着不让我们出去。鞭打、侮辱、殴打，一片混乱。他们把我扔在地上，倒掉我的咖啡，抢走我的面包。妈妈在后面，我怕失去她，我大声叫喊，她看见了我，朝我挤过来。他们把她打倒在地，面包也消失在一片混乱之中。

州警察安静下来，我们从地上爬起，波兰女人还在打架，匈牙利人还在争吵，诱人的咖啡洒了一地。妈妈蹒跚朝我走来，也不管我们的那些东西了（一块肥皂，衬衫，一块毛巾，一点外套的里衬，一块手帕，一些洗衣粉——这是在弗莱贝格得的奖赏，一把调羹，一个杯子，我的铅笔，一张纸）。这些是什么呢？我们不再需要任何东西了，我们在毛特豪森，而这里就是结束。战争的结束可能不远了，但是即使还有一个星期，我们也会死亡在先。

我们回到原来的位置等待洗澡——不是去毒气室？……我和妈妈分了我的那块黄油，这是在我手里留下的唯一一样东西。

※

事实上，这不是毒气，而且他们让我们留着头发，就是洗个澡，还有令人愉快的热水和充裕的洗浴时间。

我需要多久才能洗掉身上的污秽？这没关系，最脏的已经流进下水道了，重要的是我们又有了清洁的感觉。我们脱掉了原来的衣服，唯一可以保留的是木鞋。

他们给我们发内衣：男人的平角短裤和贴身内衣。这是我们得到的所有东西，但它们都是新的，没有穿过的。我们终于没有虱子了。结果，他们不毒死我们，不剃掉我们的头发，还给了我们干净的内衣和得体的对待。我们终于渡过危险了吗？

※

通过那扇大门，走过泥巴路来到台阶上，我们到了。我们的牙齿咯咯作响，但是这不算什么。他们要把我们分散到楼房里去。他们把我们推到塞得满满的床上，三四个人一个铺位。有些人已经在上面了，波兰人、匈牙利人、希腊人，还有一些捷克人。其他人毫无干扰地继续睡觉。或者他们是死尸吗？你根本区分不出活人和死人，因为这里很黑，也没点灯。到了早上我们就知道了。我以为我们是在医务室。

在门口，他们给我们每人一碗汤。"你们还想要吗？"他们问。我们不懂。我们看着汤碗：一碗汤满得要溢出来，底部热乎乎的。一股舒服又温暖的气息飘进我们的鼻子。我边走边抿了一小口。是在奥斯维辛很熟悉的味道，那时候我一点都不喜欢，今天却觉得太美味了。

有人拽了一下我的衣袖，把他那碗倒给了我。谢谢。第二份在我的内脏里也迅速地消失了。我的脸颊泛起了红晕，一股令人舒服的暖流涌遍全身，我的肠子开始运动，双腿也有力气了，我能站得稳稳的了。我再也不为那块丢失的面包伤心，我现在吃得饱饱的并因此而兴高采烈。没有人烦扰我们，对我们大喊大叫。这意味着什么？

来了一群男人，是捷克人，给我们带来了食物和毯子，找好地方给我们睡觉。他们帮助我们爬上床，答应帮助我们，并许诺明天还来。

※

没有点名，什么也没有。我们可以做自己想做的事。空空的食品罐子在床上滚来滚去，还有巧克力的包装纸，印了红十字标志的盒子和纸张。我真的不明白。结束了？但是，上帝，我现在终于能够环顾四周，看看我们身处何地。毫无疑问，是在一个医务室，但是它的状况啊！昨天晚上我们累得无法注意到这些，拿到干净的衬衫和外套也令我们过于兴奋。到了白天，一切看起来都与晚上不一样。衬衫是干净的，不错，但是里面虱满为患。被单可以让我保暖，所以我没有把我的扔掉，尽管我知道整个晚上它会发出令人厌恶的气味。这个医务室里唯一的疾病就是斑疹伤寒和腹泻。那些毯子的样子就好像连续在这里用了很多年……

恶臭、污秽、虱子、病人和死亡，这一切包围着我们。男人还是女人？老人？小孩？已经是白天了，但是我认为到了早上就能看清的想法错了。他们一动不动。呼吸是他们活着的唯一迹象，但它是如此微弱，以至于我根本无法识别出来自我附近床上的哪个人。有些人一直站着，或者说是颤抖立在足跟上。他们表情冷漠，跟谁都不说话，眼里充满忧郁，眼光呆滞。他们深陷的脸颊、臂膀和身体其他部位布满了藏污纳垢的皱纹，瘦骨嶙峋的骨头覆盖在肮脏、蜡黄的皮肤下，还要一直忍受虱子的啃咬和疮毒的侵扰，以及严重的营养不良和维他命缺乏症。

你想开始跟他们交谈，引起他们的注意，让他们高兴，对他们说也许战争已经结束（毕竟，也许真的是这样），但是有什么东西阻止你这么做，你几乎会害怕他们——你感觉在你眼前，死亡正经过。你试着给一个微笑，但是没用，他们的眼神仍然扑朔迷离。他们抓住床板并支撑着自己走过铺位——不，是飘过，从他们的那个点飘到厕所然后返回，根本没注意到你。

你想让这些人的脸上露出一点微笑？傻子！他们几个星期，也许几个月没有吃喝。是的，这就是最后的体制。身体上和精神上的折磨已经成了一种习惯，然后——死亡率还不算高——在这里的病床上，虱子和斑疹伤寒病菌随心所欲，这些人——还是人吗？——曾经经受过什么啊？

是的，他们曾经也是人。他们曾经健康、强壮，有自己的意愿和想法，有情感，有兴趣，还有爱。爱生活，爱美好的东西，爱美丽，对美好的未来充满信念。现在只剩没有灵魂的躯壳。

※

捷克人又来了，正如他们承诺的那样，带来了勺子和面包。他们和我们待了一段时间，寻找和探问他们知道的人。我们谈论着布拉格、布尔诺、我们的家乡、集中营里的生活，还有来自前线的消息。他们提问又回答……"这里还有犹太人吗？""原来有，就在10天前。""再也没有了吗？他们发生什么了？"

他们不想回答诸如这样的问题。他们以沉默来代替回答，或找些借口，或直接说："别问。"好了，这已经够了，我们了解了一切。"还有一件事……"他们慢慢地透露一些，但真相已经明了。这里最近发生了什么，特别是犹太人发生了什么，是不能说出口的。原来我们这批人也是注定要进毒气室的！他们在星期三毒死了最后的1000人，然后红十字会介入了。今天是星期一，也就是说，如果不是那次企图去福洛森堡……正是它挽救了我们。是运气，是巧合，还是命运？

"拿出吃饭的碟子！"我们一个也没有，昨天已经全还回去了。床下面有罐子和碗，病人们一定是把它们当了洗脸盆或用作其他。没关系，毕竟，在火车上，我们就是在一个盆里吃喝洗漱，就用它们了。

※

有一个人在炉子旁边一动不动地坐在一个倒扣的箱子上。从早上我就一直看着她，我想她从我们昨天晚上来的时候开始就坐在这里。前不久有人扔给她一床毯子。为什么没有人带她走？！孩子们匆匆跑过，不远处有个婴儿在哭，就是那个在去营区的路上在车上生下来的小孩。

※

他们拿来了一堆衣服放在楼房前面；它们是我们的，有可能消了毒。我们找不到自己的，只好又穿上别人的。我们不准再回到楼房里。我们得到了晚餐：水煮脱水蔬菜。他们用卡片式分类账把我们记下来，今天大概是第三次了。

※

　　我们走了大概半小时，营区在我们身后很远了。阶梯，无数个阶梯。这里有很多采石场，一个挨着一个，到处都能看见因犯。他们说，我们要搬到一个女人营。但如果是去毒气室怎么办？前面的人说这已经结束了，但是谁相信德国人呢？捷克人证实了这一点吗？他们只是不想吓到我们。"妈妈，我们是要去毒气室，你马上就会看到。""那么我们就去吧，我们还能做什么呢？"

　　这是给你的答案！我知道我们无能为力，但是我真的能不在乎吗？现在就去死，在战争随时可能结束的时候？毒气！毒气？不，我们是去一个女人营。

※

　　不是毒气室，也不是女人营，而是一个在树林里的巨大木屋，上面写着："*Wienergraben*"①。周围有带刺电线的篱笆，还有一排自来水龙头，水龙头的下面是水槽，边上是厕所。木屋里面有简陋的小床和一些乱糟糟的东西。这里住的是俄国女人，看守们是吉卜赛人。

　　我们四个人睡一张床，挤在过道里。今天早上有一个两小时的列队点名；从那时起，我们就不准移动，否则吉卜赛女人就会立刻拿着棍棒和鞭子过来。俄国女人都在劳动，她们在某个地方挖路。我们晚餐什么吃的也没有，早餐只有很少的 1/4 升咖啡，这还是两人份；晚餐只有半升汤。

_____

　　①　这是一个属于毛特豪森集中营的采石场。——译者注

### 1945 年 5 月 1 日

在吉卜赛营的第二天。第二天仍然没有面包，只有 1/4 升咖啡和等量的汤。清晨的列队点名在寒冷和泥泞里要拖延很久。木鞋已是千疮百孔，我基本上是赤脚了，水一直往里面灌。咒骂，打击。

※

现在是下午 3 点，我们还是什么也没吃。早上，妈妈能勉强支撑着去列队点名，然后去一趟厕所。她一直躺在床上。我从俄国女人那里讨来一些土豆皮，煮了一碗汤。妈妈喝了汤后想吐；之前我放了点自己采的草进去，肯定是那些草有毒。州警察在发香烟，我想办法弄了三根。昨天俄国女人用土豆来换香烟。她们从外面把土豆带进来，她们一定是在某块菜地附近劳动。两个土豆换一根香烟。

也许今天她们还会来换。三根香烟能换六个土豆，它们可以救妈妈一命。但愿她们已经来了；妈妈病得很重，也许……我根本不敢往下想。诊所里现在不收病人。我很无助，深陷绝望。

※

今天是 5 月 1 日，这是我们等待和盼望的一天。远处的隆隆声清晰可闻，但这也许是采石场传来的。最令人厌恶的仍然是虱子，我每次一搜索就能找到至少 20 只。我自从到了这里后就没洗过澡。我也没什么力气了，唯一感觉欣慰的是我的两只脚还能自己站立。

外面传来水壶铿锵的声音，是他们拿汤来了，每人 1/4 升，这就是我们的五一庆典。我再也不相信任何东西了。人世，我要向你告别了。

### 1945 年 5 月 5 日

大清早。在楼房后面，我坐在一堆篝火旁边等着看看有没有俄国女人扔掉的土豆皮。她们再也不愿意给我们了，要自己留着煮来吃。她们从星期四就没有出去劳动了，也就没有了土豆的来源。上次劳动回来时，她们面带欣喜，说她们不用再去劳动了，因为所有一切都将结束。我们跟她一起庆祝——但是结果表明，有点早了。

每天晚上我们都听到枪声，据说他们已经到了林茨 ①，离这里 27 公里，但愿这是真的。整个星期我们仅仅得到整条面包的 1/16，两次，那就是 70 克。吉卜赛人比德国人还坏。她们打我们，骂我们，用一整天的列队点名威胁我们，就是分发的那么一点点食物，她们还要偷掉一半，如果不是全部。

※

妈妈一天比一天虚弱。前不久，我扶着她到外面呼吸新鲜空气，结

---

①　奥地利东北部城市。——译者注

果她感觉很晕,无法走回来。她在弗莱贝格的时候就已经很虚弱,16天的长途跋涉让她情况更糟,何况这里一个星期都没有食物。我真的被她吓坏了。我自己看起来也糟糕透顶,真的,但至少我感觉还有力气。我还能坚持一个月。我一定要坚持! 我想活着,想回家。上帝,可怜我们吧,给妈妈足够的力量,让她也能看着我们获得自由。

※

上午的晚些时候,来了很多德国人:州警察,哨兵,监工。他们在找老百姓的衣服换上。吉卜赛人已经打好包了,装满行李的车子穿过树林。昨天晚上的轰炸很猛烈,有几次楼房都摇晃了,而现在德国人正在开始逃离。事实上,从星期四开始就有很多人逐渐消失。我又一次开始相信传言了。

※

### 中午

入口处的看守亭已人去楼空。州警察没有像往常一样在楼房前散步,吉卜赛人已经走了。她们去哪儿了? 半小时前她们还在这里。当我正想方设法从一堆东西里拿一双新木鞋来替换我那双旧的时,她们还用力推开我。(我还是成功地偷了一双。)

发生什么事了?

他们开始分汤。今天我们会得到一点吃的:我有一些土豆皮,甚至还用盐水煮过——有个俄国人给了我一些盐。

发生什么了? 他们停止了分汤。入口附近的人们都站起来了,跑出去,相互拥抱。他们为什么不可以停止胡闹来给我们分汤啊? 这比什么都重要。妈妈病了，她正等着要那一点水——在喝一点水后，她总是能恢复点力气。

人们在外面聚集起来，欣喜一路传到了我们这里。那里传来嘈杂的说话声，是不是就像那次俄国人回来时那样的谣言？我飞快地吃完土豆皮，竖起耳朵听消息。

吵闹声中，我能辨认出单个人的声音。我没听错吗？我放下还没吃干净的碗，跑了出去。声音更大了，所有的声音汇成了一个声调。"和平，和平，和平！！！"从一人的嘴传到另一个人的嘴，然后穿过整栋楼房。我在门前停下来。每个人的眼睛都在往上看，我的头也转向那个方向。我看到的是什么？我在做梦吗？我真的能相信它吗？这会是真的吗？

我没有在梦中，我是醒着的。我站在吉卜赛营的带刺电线的后面，看见毛特豪森的塔上有一面白色旗子高高飘扬！一面和平的旗子。

毛特豪森屈服了，和平来到我们身边。**"和平。"**我对自己重复着这个词，我身体里的每一根神经都像线一样在颤抖，我的双腿突然间自己跑起来。我跑出来时只穿了双袜子，现在我满身泥泞地又跑回去，回到我们睡觉的地方。妈妈站了起来——她突然在哪里找到的力气？——我双手圈在她脖子上，就在亲吻的同时，我欢欣地说出了我们多年梦寐以求的那个词。这个词我们在心灵的最深处珍藏却害怕大声说出。这个神圣的词，包含了如此多美丽的、令人难以置信的东西：解放，自由。暴政、悲惨、奴役和饥饿结束。今天我可以在公众场合说出来，无所畏惧；今天它成为了现实。

声音还在回荡，人们以一种激昂的狂喜重复着：和平，和平，和平……好像每个人都在跟我一起唱。树林、大自然、楼房看起来也更友好。我想跳舞，想欢呼。我们成功了，我们活了下来，**和平来到了。**

战后，1945 年 7 月，在捷克斯洛伐克，
一个专门为无家可归的孩子建立的家，孩子们在看一个户外表演

### 1945 年 5 月 21 日夜间

解放后 16 天，战争结束 12 天。

我们穿着用党卫军的床单缝制的干净的衣服，带着吃得饱饱的肚子，坐在当地的二等火车厢里。刹车最后发出尖叫，站台上扬声器到处在播报："来自毛特豪森的火车在三号站台离站！"

※

这是威尔逊车站站台，时钟显示 2 点差 1 刻。我站在窗边，豆大的、温热的泪珠流过脸颊，这是欢乐和幸福的泪珠。终于到了：布拉格，我们渴望已久的城市。

　　终于到家了。

# 赫尔加访谈

2011 年 11 月 1 日，布拉格。英文版译者尼尔·贝梅尔在赫尔加的公寓与她交谈。以下是他们对话的编辑版，从捷克语翻译过来。方括号里的内容是英文版译者和编辑附加的内容和说明。

*您能告诉我们一些您父母的事吗？他们叫什么名字，是做什么的，在战前他们是什么样子？从日记里看，我们只知道他们是爸爸和妈妈……*

我父亲叫奥托·魏斯，他受过良好的教育，热爱音乐，还写诗，他原来是一个银行职员。一战时期，在他 18 岁时，他的右手臂受过重伤。我母亲叫伊雷娜，出生在富克斯索瓦，受过裁缝培训；她在家里管理家务。我们并不富裕，但是我父母营造了一个充满爱的家，我的童年很快乐。

*您朋友的命运如何，还有您的熟人和亲戚们？*

总的来说，很惨。令人悲伤的是……我父亲很可能去了毒气室，但是我们从没找到确凿的证据。这里有本书，《泰雷津的记忆》，里面简单地记载了一些情况，比如人们被送往泰雷津的日期，他们继续转移的日期，如果有线索的话，还有他们被送去的集中营的名字。但是关于父亲，最后的记录是他离开泰雷津的日期，这是他最后的线索。

即使有这么多的报道、每日出勤记录，等等……？

后来我到处搜索，梳理了所有的这些报纸，询问来自各个集中营的人有没有看见他。没有更多的线索。也许他直接坐火车去了毒气室。父亲当时46岁，但是可能是他戴眼镜——这是知识的标志，他们是首先要处理的对象——或者因为他手臂上有个疤，因为他在一战时受过重伤。所以可能有两个原因：眼镜和那个疤。

但是，他们是不需要理由的，不是吗？

所以最可能的情况就是他直接去了毒气室。

奥塔怎样了？

我也没有了解到更多关于奥塔的情况。他原来给过我地址，战后我拜访了他妹妹。她跟一个外国人结了婚，战争期间还生了小孩。战后我到处都找不到他。最后我找到了他的名字，在布拉格。就在原来老的名字墙上，现在是一个纪念碑了。整面墙从上到下刻满了在战争中死亡的8万人的名字。我发现他的名字被刻在那里。

我想您还描写了弗兰卡，她……

她没回来。

您还提到了15000名儿童经过泰雷津，大约有100个活下来……

这是真的。其中那些从泰雷津来的又送往别处的小孩，只有一些被救，而他们都是混血儿，是跨种族婚姻所生的小孩。这很有趣，我不知道为什么，但是这些混血男孩又被送往其他的集中营，而女孩们不知怎么留在了泰雷津，其中有些活下来了。

在泰雷津时你们那一群人……

嗯，现在就剩我们几个了。

我想问问您在泰雷津是怎么生活的。

泰雷津是个普通的小镇，里面有很多营房。在营房外围，住着寻常的老百姓。当转移在 1941 年 11 月开始时，居民们还住在这里。所以刚开始，我们就住在营房里。都是些很大的居住营房，每间可容纳 60—100 人。但是居住人数不断上升，泰雷津原本可供 7000 人居住，包括士兵在内，可是突然我们来了 6 万人。几个月后，当地的居民不得不搬走，然后，他们把我们分开，我们分散住在各地，甚至还住进了居民的家里。当然，这并不是说我们分到了公寓，只是房间，我们还像在营房里那样住，每人只有 1.8 平方米的空间。营房里挤满了人。所以说有些人继续住在营房里，另外一些人被送进了街上的房子，再后来人们住进了阁楼和废旧的商店，还有各种仓库——基本上每个地方。

这是不是真的呢，营区里有些人感觉他们高人一等？

是的，当然，在某种程度上这种事情确实存在。起初我们有个长者委员会，这是我们的自治机关，所以他们成为最高社会阶层，是的——也许我在哪里提到过——他们中有些人给人略微傲慢的印象。第一次转移是在［1941 年］11 月 24 日，几天之后是第二次。转移的人都是男人，他们被叫做施工队，这是来自德语的一个词。他们的任务是去把营区整理好准备住人。施工队有一些好处，有一段时间他们甚至受到保护，不再被放逐。因为他们说"我们做好了一切"，可是"我们睡在水泥地上"。这就是暗示说："你们睡在更好的垫子上。"所以这就是长者委员会，等级观念就从那时传下来了。

在住宿方面，长者委员会做过的最好的一件事情就是首先尽量保护孩子不受苦，为此他们尽了最大的努力。他们在附近为孩子们找到了适合的房子。所以当时我们有孩子之家，还有婴儿之家，是给母亲和婴儿的，甚至有几个孩子是在那里出生的。后来又有了儿童之家，是专门给儿童住的；后来又有了两个，一个给男孩，一个给女孩：男孩之家和女孩之家。我就住在女孩之家里，它是为 10 到 17 岁的女孩而建的。后来又建了一个学徒之家，是专门给青少年的。这就是看护者照顾我们的地方。

所以这就是为什么您的父亲那么坚持让您搬进女孩之家的原因？

当然，因为那里的条件对我们更好。那里基本上跟成人的住处是一样的，我们只有 1.8 平方米的生活空间，也就是一个铺位。但是，比起跟大人在一起，当然是跟小孩在一起要更好更简单，因为大人那边有很多病人，他们会紧张，会有很多误会，还有人处于弥留状态……所以，对于孩子来说，跟他们分开生活要好很多。

无论何时你们得到传令要从泰雷津转移到另外的地方，你们立刻就去想办法得到召回的通知。这是怎么操作的呢？

当然，这种随时会被转移的恐惧一直威胁着我们，大家都尽量避免。所以就会出现这种情况，当人们发现要被转移了，就极力设法让自己被召回。比如，有一种借口就是传染疾病。德国人非常害怕人们传播疾病。所以，如果有人得了，比如说，我也不确定，猩红热或别的什么，那么至少目前你可以不用走，你的家人也可以陪着你。

后来，人们也开始说服他们在各部门的老板，说他们的工作是无法代替的，不可缺少的。如果情况确实如此，就会让他们留下。例如，在泰雷津有一个德国人叫科萨维，他监督一群妇女做农活。他事实上真的保护了她们。有时候，有一个女人的母亲要转移，而这个女人想自愿跟她去，他就会不答应让她走。因为我们不知道会发生什么，只知道那一定是更糟糕的事情。但是德国人是知道的，所以他不让她们走。我想他还让这个女人挽救她的妈妈。召回就是这么一回事。

**你们感觉到在其他的营区里会有一些更坏的事情发生。**

我们当时知道转移就没有好的，但是我们也不知道要转移到什么地方。我们只知道，在某种程度上，集中营是存在的——它们在战前就有，在德国。至于我们要被送到其他的营区，比如有毒气室的，有死亡链的，在那里……这些我们根本就不知道。

**至少您在泰雷津时是这样。但是后来，到了奥斯维辛……**

我们在泰雷津时还不知道，是到了奥斯维辛才知道的。

**但是当你们到了比克瑙，就应该知道了，因为那个典狱长直接威胁你们。**

到了那里我们是知道了，因为我们一到，他们就给我们看后面的烟囱。我们本以为那肯定是什么工厂，但是他们直接告诉我们说那是火葬场。所以后来有黑色幽默，比如说："烟灰明天就会飞过烟囱，你就成那样了。"所以到了那里我们知道了毒气室的事，但是之前我们是不知道的。

**在泰雷津，放逐所带来的持续性威胁一定在某些方面对您造成了影响。**

当然是这样。有些高层人物差不多知道要发生什么。因为曾经有一个，也许是两个因犯，叫维尔巴和李德拉，他们跑出了奥斯维辛，还带来了一条消息、一个警告。这消息传到了英国，我想是传给了丘吉尔，还传到了美国。没有人相信它，没有一个人。也许是他们不相信，也许是他们不想帮忙。我想在营区的那些领导人物都知道，但是他们不告诉我们，怕发生恐慌。

也许有一个人想告诉我们，但是后来也没说成，这个人是雅各布·埃德尔斯坦。领导们必须在德国人的司令部接受命令，这建筑在泰雷津——今天成为了仓库——在它的下面是一个地堡，就是监狱。埃德尔斯坦去那里接受命令，他告诉他们说他要告诉外面的人，就这样他再也没有被放出来。他被关在地堡里，之后跟一批囚犯转移走了。事实上，那是一辆普通的转移列车，只是他们加了一节特殊的车厢，上面用字条写了是专门装囚犯的。他们一到达目的地，就被杀戮了。据说德国人当着埃德尔斯坦的面杀死了他的妻子和儿子，紧接着把他也杀死了。

您描写这些时还是个孩子。当时对您来说这一切就像毫无意义的一团糟，但是一定也有一些严密的计划在里面吧。

表面上看确实是一片混乱，但是它就像是一个经过极其周密计划的手术。它从头到尾都有周密的计划，从小小的命令开始逐渐上升到最后的大屠杀。

是什么让您开始写日记的？

嗯，是一些我开始记录的事情，我认为记录它们是一件很重要的事情。

您还记得某个具体的冲动吗，比如某件事情或类似的东西？

刚开始并没有……当然，我一直都关心时事。我父亲在政治上非常活跃，所以我们认识的一些人常常到我家聚会并进行辩论——而我全都听到了。我还记得有一次他们忘了跟我说一件事情，这让我感觉受到了羞辱：他们为什么没告诉我？所以我想我非常了解形势——以我自己的方式，也许，但我是真的了解，所以我开始记录一些事情。

您是写给谁的呢？仅仅是为您自己吗？

我是为我自己而写，我并不觉得我还有超出这以外的特殊计划。

嗯，也许我有，也许我没有；我不知道。但是我还画画。我为自己画，尽管我也想过——仅一点点，如果今天我能跟随我的思绪回到当初，如果我能按顺序整理好所有这些回忆——这些需要被记录下来。我主要还是为自己而写，但是可能也有一点点那种想法。

写日记的孩子多吗？

是的，我想有很多。在泰雷津，相当多的孩子写日记，而且不仅是孩子，还有大人，因为人们需要与现实妥协，所以他们开始写作。他们还写诗——人们以前从来没有做过这样的事，可他们想参与到［营区的］文化生活中来。所以像这样的日记有很多。

刚开始您在叙述一些事件时是以一种回忆的方式，但是后来突然转变为叙述的方式，所描写的事情就像正在发生。这种回顾性的立场在您日记的什么地方结束，转为这种更直接的立场？

我在刚开始的几页用的是过去时态，描写了 1938 年 9 月 23 日的动员，还有 1939 年 3 月 15 日的占领。然后还有八页多用的是过去时态，渐渐地转成了现在时态。战后，我把前面几页变成了现在时态，当时我正在写我在其他集中营的经历。那时，我想让日记成为连贯的一个整体——成为那个时代的一个证词。我对我的画也做了同样的事：在泰雷津我还画了一幕发生在我们离开之前的场景［“财务清单”］。

在您描写返回布拉格的那部分，您继续描写事件，就像它们刚刚发生一样，就像在您写的同时发生一样。

那时，我就已经想好了要把一切按照时间顺序写下来，而且战争一结束我就开始写，也许就在 1945 年，或者最晚在 1946 年。当时我依旧能清楚地记得一切，我可以说它就像我在现场写的一样。我是有意这样安排的：我用的是一般现在时态，即使是事后写的。

这是不是与您以前的写作方式统一呢？您总是用这样的方式写作，好像事情正在发生？

嗯，我是从我离开的时候［14岁］接着写的，并且是以相同的方式。当我［从集中营］回来后，我15岁半。一岁之差并没有那么大，但是我想在心理上这一点我是进步很大的。

把它变回过去时态的叙事方式有意义吗，或者没有？

没有，我想现在时态效果更好。写的时候，我又重新经历了一次。甚至今天，人们还在邀请我们这几个回来的人参观学校和参与聚会来谈谈我们自己。我想这会毁了我们：身体上，当然，它毁了我们，但是它还在心理上毁了我们，因为我谈论它的时候我自己会受感染。当我谈论它的时候，我又体验了一次；我仍然身临其境。所以它就像现在发生的一样，尽管它已经过去了。而且它还是那么生动。

在重新阅读您的日记并为出版做准备时，有没有一些失去的记忆让您惊讶？我的意思是有些事情在当时是刻骨铭心的，可到后来您甚至忘记了要把它们写下来？

我想我把大多数重要的东西写下来了。有一些事情，也许我提到的有些事本应该写得更多一点，这一点我之后对自己也说过，所以我有时在这里或那里会加一个字或一个词。但是基本上，我把所有重要的东西都写下来了。当我经过这么多年再重读它们的时候，甚至会发现有些事情我已经忘记了。当然，我在日记里用了泰雷津俚语，现在没人会懂，这需要一些解释。

有一个具体的泰雷津俚语就是 Šlojska.

这个词来自于德语 Schleuse，意思是水闸、清洗槽。当一批转移的人来到泰雷津或者当一批人要离开时，他们必须要通过一个地方——换句话说，就是一个水闸——在那里德国人可以从人们的行李里面拿出各种他们觉得不应该在里面的东西。这种行为变成了一个动词，*Slojzovat*，"清洗"。所以它有两种含义：或者当名词，清洗槽；或者当动词，就是"弄些东西"。在泰雷津"偷"和"弄"有很大的不同。你从共同财产里面拿叫"弄"，比如我们在地里干活，就会去"弄"些蔬菜，这是禁止的。但是如果我拿了属于某个人的东西，从他的箱子里或他的架子上，这就是偷。在那里没有任何小偷，至少在孩子之家没有，我不记得有这样的事情发生过。我想在那里是真的没有偷，但是却有无数的"弄"。

*您还写了在清洗槽您如何去帮忙的。*

我还有两幅有关它的画。一幅是铅笔画的，我想它画的是刚到的时候。还有另一张画叫做"院子里的'清洗'"。人们被带到很多不同的地方去清洗，那个院子就是其中之一。有些来的人年纪大又生病，所以就得为他们提供服务。我们还自愿去帮忙，引导他们，帮他们拿行李等等。这就是在清洗槽帮忙。

*还有几点关于泰雷津的具体事情，比如每日出勤。*

有个花名册，上面记录了每天有多少人在那里。每天，所谓的［房里的长者］会做记录。他要把记录交上去，之后还会继续往上移交。这些记录每天都要上交到德国人的司令部，所以他们一直掌握着基本情况，知道有没有人消失。他们还不断地宣布今天这里有多少人，有多少人死了。花名册要与它保持一致。每天都这样。还有所谓的每日命令每天都会从司令部传来。

*还有点名，这个在其他的营更频繁……*

在泰雷津没有点名，但是奥斯维辛和其他的集中营有，他们要计算我们的数量。点名不仅仅是写下点东西，我想也不仅仅是以计算我们的人数为目的，因为这原本可以做得更快一点。在点名时，我们得站在那里好几个小时。几小时在寒冷中，在雨里，在雪里——我们总是要到外面五个人一组地站着，他们数了我们一遍又一遍，不断地。

*所以它有心理上的目的……*

是的，或者还要从身体上瓦解我们。你要不吃东西地站在那儿，不管严寒还是酷暑，还不能上厕所。他们要清点我们。这就是点名。

*在集中营里，您还和很多不同国籍的人有接触——捷克人、波兰人、德国人……*

在泰雷津，犹太人主要都是捷克人，后来来自德国、荷兰、丹麦和匈牙利的人也被放逐到那里。所以我们和他们会打交道，但是总的来说，各个国家的人自成一体。比如，在我们女孩之家的人都是捷克人。还有其他的家，那里住的是来自德国的孩子。

*您能解释一些您用过的词吗？例如，在泰雷津我注意到像 Betreuer，Heimleiter，betreuerka……*

是的，因为这些是官方事务，语言是德语，所以每天从司令部带来的所有通知和命令都是德语的。但是当然，我们把它们转成了捷克语，因为德语的正确形式是 *Betreuer* 或 *Betreuerin*，指一位男性或一位女性护理者，但是我们不用这些词；我们用一种半捷克语来代替，*betreuerka*，词的末尾是捷克语。

*在泰雷津，营区里的事情是怎么运作的？*

在泰雷津，所有的命令来自德国人；最高权力属于营区司令，他的下面还有其他人。他们会随时过来检查。我们从来就不知道是什么时候。但是内部的管理是分开的。有捷克宪兵一直监视我们，他们总体上是客气的，很多时候还尽量帮助我们。例如，他们会帮忙偷偷地把信件和包裹寄出去，当然，为了这种好意，他们很多人付出了生命。这就是捷克宪兵，他们看守着所有的大门入口。当我们去劳动时，他们要搜口袋、点人头——有多少人离开、多少人到达——这就是他们的工作。还有另外的组成部分，因为他们在泰雷津建立了所谓的自治，由犹太人自己管理。

*所以那些 Betreuers、Heimleiters，他们都是……？*

他们都是犹太人自我管理体系里的人员。而在最底层维持秩序的是营区看守（*Ghettowache*）。

*那些您称为 get'áci 的人，他们也是犹太人。*

当然是的。*Ghettowache*，缩写成捷克语就是 *get'áci*。这是地道的泰雷津俚语，你应该懂。这些营区看守没有制服，但是他们有帽子，一种圈帽，黑色带有黄色条纹，还有一根皮带。我在几幅画里面都画了他们。

*您能说一说关于您自己战后的一些情况吗？*

很长一段时间，人们并不关心战后的事情。人们想：战争结束了，一切都好了。事实当然根本不是这样，而且这是另一个需要记录的时代。仅仅是最近，人们才开始好奇战争结束之后发生了什么。我和妈妈在［1945 年］5 月 29 日从毛特豪森回来。我们是半夜到的，他们让我们在某个地方过了一夜，到第二天早上他们说："你们自由了，回家吧。"而我们却无处可去。这就是它的开始。

*您怎么找到住的地方呢？*

我们无处可去，所以我们去的第一个地方就是原来的邻居家，他们住在我们的隔壁，对我们很客气，即使在战争期间也是这样。至于那个地址——我想所有的犹太家庭都这样——我们相互转告：战后我们在那里碰面。所以我们第一件事就是去他们那里。他们姓佩霍奇。当然，他们邀请我们进屋，对我们很热情，让我们睡在铺了羽毛垫的床上，还给我们白咖啡和面包卷当第二天的早餐。我们太虚弱，不能吃太丰盛的东西。有些人给那些回来的人吃了丰盛的大餐，结果却要了他们的命。广播里到处播报，让人们知道不要那样做。

有趣的是我们战胜了一切，只要你需要，你的身体就会坚持住，可现在一切都结束了，它却支撑不住了：我们在那里待了一天就发烧了。到处都有通知，说从集中营回来的人有斑疹伤寒，于是他们带我们去了斑疹伤寒病房。最终我被当作斑疹伤寒病人对待。那家人还有一个杂货店，所以我们给他们造成了很多不便，因为我们离开后，他们不得不对每一样东西进行消毒。

他们把我先于妈妈从医院里放出来。我不想再给佩霍奇家添麻烦，但又无处可去。我们 ① 挨家挨户地在大街上寻找住的地方。有一些避难的地方可以让我们过一夜，但只有一夜，我不知道为什么。每天早上我们都要四处寻找晚上过夜的地方。有很多慈善机构在一些固定的地方为我们准备了食物，所以每天早上我们要去威尔逊车站，他们在那里准备了咖啡，还给我们一点面包什么的。而我们不得不拿在手里——我们没有袋子，没有钱，什么也没有。到了中午，在另外的地方有汤供应，于是我们又去喝点汤，然后在某处的避难所过一个晚上。

刚开始很艰难。后来他们把妈妈放出来了，我们在另外一个避难所住了一星期左右。然后我们开始找房子，这件事很复杂。

这套公寓就是当年我离开去泰雷津的地方，我是在这里出生的。这就是我们被驱逐的时候留下的。但是当犹太人离开他们的房子，发生的

---

① 这里指和她的姑姑一起，因为她也在那时从隔离区放出来了。——译者注

第一件事情就是房子全都被搬空。他们把房里的一切运走，拉到各大仓库，然后把房子分给了一个德国人。那个德国人又去仓库申请了一些家具。所以在战争期间是一个德国人住在这里，他叫奥特·沃纳。唯一一个提醒我这点的东西就是［当他离开的时候］他放在门上的一个铜匾，上面有他的名字；他确实从门上拿下了这个，但把它留在了房间里。在那些革命的日子［1945 年 5 月］，他逃走了——我听说他是骑着一辆自行车逃走的——但是把房间钥匙给了楼栋管理员；至少他还做到了这点。人们却很好奇，他们一定是想这里的一切都是德国人的，所以整栋楼里的人都成堆地涌入这里，随便拿他们想要的东西，然后……嗯，整个过程很复杂。

但是最后你们把房子要回来了。

房子归还我们是在那年的夏天，我们当时在某个地方的康复中心。到了 9 月我开始上学了。我当时 15 岁半，而我所受的教育还是小学五年级的程度。

后来您就上了学术初中，学术高中 ①……

我是从中学四年级开始读的。我本应该上五年级的，但是我从低一年级开始上，也推迟了考大学的时间。

那之后您又去了……？

嗯，我去学画画了。我转到了另一所不同的高中，是一所技术高中，学习绘图设计的。那里的功课主要是有关技术的，而我很后悔没有多接受一点全面的教育。所以我白天上这所学校，同时在学术高中当走

_____

① 学术高中里的孩子毕业后是要准备考大学的。还有一种是技术高中，孩子读完后就可以参加工作或考技术类的大学。——译者注

读生，完成学术课程。四年之后，我参加了两场毕业考试：一场在绘画
学校，另一场在学术高中。

您是在那时决定以绘画为生吗？

我当时选定了绘画作为自己的职业，所以我参加了［位于布拉格
的］艺术、建筑与设计学院的考试。就是这个也很不简单。

谈谈您拿回日记的情况吧。

好的，我很幸运，因为我叔叔就是在泰雷津从事不可或缺的工种：
他在档案部门工作。所以他可以接触到所有文件，他把这些文件藏了起
来，战后，他和拉格斯博士甚至用那些文件出版了一本书。我认为那是
研究泰雷津的最好的书之一，因为它记载了文件里的所有事实。即使今
天，需要查点什么时，我也能在书里面找到。这本书叫做《栅栏背后的
城市》。

他把那些文件藏起来了。幸运的是，我知道情况会变得更糟，所以
没有把那些日记和画随身带着。去奥斯维辛之前，我把它们给了他。他
把这些和他的文件藏在一起，放在马格德堡营房的墙里，外面用砖块
封住。

他的职业保护了他，他还设法保护了他的妻子。战后他回到泰雷
津；他知道它们藏在什么地方，所以他把它们拿走并带给了我。

您是在那时拿回了您的日记和画，它们产生了什么成果吗？

基本上没什么，时不时会出现一篇文章。我想我告诉过［国家犹太
人］博物馆的人我有本日记。其中有一点翻译成了英语。大约在 1960
年有一个出版社，叫 Naše vojsko［我们的武装力量］，它出版了一本书
叫 Deníky dětí［《孩子的日记》］。我日记里有一点内容出版在里面，是
捷克语，但是内容修改缩减了很多——很可能是我自己做的，因为我知

道只有很少的一部分会出版，所以我把它删减了。

**总的来说，捷克斯洛伐克人战后对犹太人和他们战时经历的态度是怎样的？**

当然，这个大家是不一样的。首先，没有人想到我们会回来。当我们回来时，对人们来说是一个奇事。我们让他们大吃一惊。他们说："哦，你们回来了？谁会想到呢？"还说，"你父亲没回来真是可惜呀。"这是他们的反应。后来他们又说："你们别以为我们很容易，我们也挨饿。"然后开始跟我们说他们的故事，而对我们来说那简直是滑稽可笑。他们的饥饿对我们来说什么也不是，他们所谓的困难也很可笑。

人们对它兴趣并不大。我们还委托了些东西给这些人。我们只能带上 50 公斤的行李，必须把剩下的东西留在公寓里，还要上交一张所留东西的清单。人们试图在他们熟悉的雅利安人那里藏一些东西——驱逐犹太人的运动叫做雅利安化，因为这里有"雅利安人"和"非雅利安人"；我们是"非雅利安人"而他们是"雅利安人"——而结果也是不一样的。有些雅利安人的行为很恶劣。我们很幸运能够拿回我们的东西，当然不是所有的都拿回来了：我记得有个女人说我们的一枚戒指在阁楼里滚掉了。还有，我母亲在离开之前用她的金表换了一块镀铬的表，这样她就被允许带着它了，尽管在最后还是不得不放弃。而那些人告诉我们："你们要知道，那是战争时期，没什么可吃的，所以我们用它换了点猪油。"或者类似的说法。我们拿回了一点点，但对于很多犹太人来说，人们矢口否认，根本不归还他们的东西。

**我想在 20 世纪 40 年代末和 50 年代初，犹太人的日子不好过吧？**

是的。你可能在想斯兰斯基审判，那是一段很难过的时期。那时我正在上艺术学校。我原来的教授，费拉先生，教授纪念性绘画，我就学这个专业。很不幸，在我二年级的时候他去世了，于是校方把我们分到了其他的工作室。后来我就来到了安托宁·佩尔克的工作室，他教的是政治漫画。那里没有人强迫我做漫画，因为他们是从别的部门把我安插进来的，但是那里的学生所做的……真是可怕。那是反犹太人的，整个的审判都是反犹太人的，百分之九十被指控的人都是犹太人。每个人都要以这句话开始他们的认罪："我，犹太人出身……"他们都这么说了。到底是什么事情使得他们……那真是一段恐怖的时期。

*什么时候又重新燃起对您的故事的兴趣？也许在60年代？我在想如果还有大量的反"世界公民"的审判在进行，就没人会过多谈论战争，或者至少没人谈论犹太人的经历。这是一种矛盾，几乎……*

后来到了1968年，但是在这之前的一段时间形势放松了一点。本来捷克斯洛伐克人和以色列人的关系是很好的。在以色列，他们至今还记得，那时捷克人帮助过他们；他们还在这里训练以色列人空军。关系如此之好，以至于当时他们为一个捷克艺术家颁发奖金，因为她在以色列度过了10个星期，那个人就是我。那是我人生最美好的时光。我甚至改变了我整个的绘画风格——关于这点我们没有谈太多，但是你能在别的地方看到。我回来后，把带回来的绘画办了个展览，很成功。我还得到很多国外的举办展览的邀请——可是到了1968年的8月，大门砰然关上了。一切都停滞了20多年。

*但是，在那段时期，您仍然待在这里，而很多犹太人移民到了不同的国家。*

是的，很多回来的人，特别是能活下来的少数年轻人，战后就直接移民了。他们去了不同的地方：美国或者有亲戚的任何地方，他们的亲戚在迫害开始前及时地离开了。可是在这里他们失去了整个家庭——比如，像我那个年纪的年轻人，无依无靠——所以他们国外的亲戚邀请他们过去了。有些人去投靠了亲戚，而那些无处可去的人去了以色列。他们自愿去［以色列］参军，参加哈加纳 ① ——这是战争刚结束时。我也想参加那个。我跟他们有联系，但是我不知道——也许是给自己的一个借口……我本来想去的，但我就是有点害怕。我不是那种勇敢的移民者，但是另一方面——这是我的主要原因——我妈妈在这里，她不敢去。把妈妈留下是不可能的事情，所以我没去。

　　各种政治的和文化的时期不停地变迁，而我想知道您对自己的经历和日记的观点有没有改变。

　　我全部的艺术作品是对我整个人生的描述，其中你能读到关于我的一切。

　　首先我完成了我的课程，然后我做了很多研究，画了很多素描和常规绘画。后来到了 60 年代，我开始与我的过去和解。我画了大屠杀；我想做戈雅 ② 所做的事情，类似《战争的灾难》。1964 年我想完成这幅画，我告诉自己："现在我画了这个，这就结束了。"

　　后来我获得了去以色列的奖金，在那里一切都变了。突然一切都很乐观并充满希望，我运用的颜色也变了。到了 1968 年，我整整几年停止了画画，因为我不想再画关于战争了，也不能画我想画的东西，因为突然一切都变得反以色列了。即使在我的画展上，我也谨慎地不提到以色列。那个画展被称为《圣地之行》。那时候"以色列"这个词变得很危险，后来完全变成了禁忌。我不想再画战争，又不能画以色列，所以有几年，我就完全停止画画了。

　　最后，我终于做了一件我从不想做的事情，即使我有做这件事的资

---

　　① 这是犹太复国主义组织。——译者注
　　② 西班牙画家。——译者注

格：我开始教书。我在一所人民艺术学校教书。我原本是去帮一个同事代课的，她说两个月就回来，结果她去了瑞士并写信说她不回来了，她移民了。我就在那个学校待了 14 年。有几年我不画画，后来我渐渐拿起画笔，但是不再画以色列了。或者有点以色列的回忆在里面，但更多是关于大屠杀的，尽管并不完全是，更像是一般意义上的战争和我所经历的一切。我另一个绘画的主题叫做"荒废"，它画的都是些"被拔起的树根""受伤的土地"和"荒废"等等。你能从这些画里看到一切，所有生命的方式。

在那个年代，人们对泰雷津和大屠杀有什么言论吗？

人们根本不谈论泰雷津。那个小镇里有两个堡垒：一个大的和一个小的。小的那个一直是政治监狱，后来它成了盖世太保监狱。它里面还有一个国家公墓，人们会在里面庆祝各种纪念日。但是没人谈论泰雷津，即使是今天成了博物馆的那栋建筑：原来有个计划想把它变成营区博物馆，但是他们不赞成。他们把它变成了国家安全部队博物馆。当有人从像美国那么远的地方来了，想看看他们父母的死亡故地，他们会坐车来到泰雷津，然后说："是的，我们去了那里，但是那里什么也没有。"泰雷津就这样被掩盖了。

战后，他们把所有死亡人的名字写在平卡斯犹太教堂的姓名墙上。后来，社会党人说，这建筑要修补，就在它周围搭建了支架，"重建工作"持续了 40 年，姓名墙看不到了。革命结束后，1990 年，他们把支架拆掉，又重新写上所有人的名字。当时就是那个样子。泰雷津不在，那些名字也不在。我想你知道这点很重要，它说明了那个年代的很多事情。

也就是说从 1948 年到 1989 年，犹太教堂姓名墙就是那个样子？

是的，它全被支架挡住并处于"重建当中"。

我想我记得这个，在 1989 年革命前不久我到过这里。

所以你肯定记得它当时的样子，它周围全是建设支架。但这并不是那么回事，他们是把名字拆掉了，然后再搭起支架的。

您现在能说说您的家庭吗？

我在艺术学校读书的时候结婚了。在读第二年到最后一年间，我没足月生了一对双胞胎，但是有一个第二天死了。我不得不中断学业一年，后来才把它完成。在那四年后我的女儿出生了。

所以我有一个儿子和一个女儿。我儿子是一位有名的音乐家，一位大提琴演奏家，他是布拉格音乐协会的高级成员。他的女儿、我的孙女叫多米尼卡，她是顶级的独奏大提琴家。她在以色列学习了两年，她的一个主要研究方向是犹太音乐。她甚至真的让我重新皈依了犹太教，这个主题在我最近的作品里有所体现。我也确实会经常回忆战争，当然，那也会关系到犹太主题。

我丈夫也是音乐家，是个低音大提琴手，也是捷克斯洛伐克广播交响乐团成员。另一个孙女，多米尼卡的妹妹，从事另一个领域的工作，她研究美术。我们家一直有艺术传统。

所以你们有三代艺术家……

其实情况要比这复杂一些，因为我们是混合婚姻。我丈夫甚至来自于一个虔诚的天主教家庭，但是我们非常尊重对方。

在过去的 60 年，有大量关于大屠杀的回忆录出版，也有人把人们的经历拍成电影。

是出来了很多东西，但并不是所有的都是好的，有一些甚至很糟糕。还有一些扭曲了事实，里面有错误的信息，有些事情根本没有发生或者根本不可能发生……

人的记忆是一个很奇怪的东西。

但是这与记忆没有关系。有些地方是有意那样做的，故意去掩盖一些事情或者回避它们，更不用说有些是故意夸大事实……

要拍这种电影是很难的。每本书和每部电影都包含了作者的个人经历。它必须真实，可事实上很少有真实的。有一个人这方面做得最好，他说真话，他叫埃列·威塞尔，我经常在采访的时候引用他的话——我一直都申明这是他说的话，并没有剽窃。就泰雷津而言，鲁斯·邦迪的书是真实的写照。她是布拉格人，但是在以色列住了很多年；她写了一本书叫做《犹太长者》，这是一本好书。后来我又读了一本凯尔泰斯·伊姆雷写的《命运无常》。所以也有一些像这样的好书，也存在一些品质低劣的、做作和扭曲的书。

您觉得您日记的贡献是什么？我们为什么还要去看关于大屠杀的描述呢？

主要是因为它是基于事实的。虽然我也注入了自己的情感，但是那些情感是发自内心的，是令人感动的，最主要还是真实的。也许是因为它用半孩子气的口吻叙述，更富于表达力和让人易于接受，我想它可以帮助人们了解那个年代。